SUPPLÉMENT

AU

TRAITÉ THÉORIQUE ET PRATIQUE

DE

DROIT PUBLIC

ET ADMINISTRATIF

PAR A. BATBIE

Membre de l'Institut,
Professeur à la Faculté de Droit de Paris, Avocat à la Cour d'Appel, Sénateur,
Ancien Ministre de l'Instruction publique et des Cultes

—

ANNÉE 1886

—

PARIS

L. LAROSE ET FORCEL

Libraires-Éditeurs

22, RUE SOUFFLOT, 22

—

1887

SUPPLÉMENT

AU TRAITÉ THÉORIQUE ET PRATIQUE

DE

DROIT PUBLIC ET ADMINISTRATIF

PAR A. BATBIE

(ANNÉE 1886.)

Acte administratif (Jurisprudence).

L'autorité judiciaire n'est pas compétente pour connaître de l'action formée par un armateur contre un capitaine de navire (le navire *le Gabon*), en réparation des préjudices qui lui auraient été causés par les agissements de ce capitaine. L'armateur se plaignait de ce que le capitaine avait exigé pour les droits de douane une somme supérieure à celle dont il était débiteur, ce qui avait rendu nécessaire la vente de ses marchandises. Il était reconnu qu'aucune faute personnelle ne pouvait être imputée au capitaine, qu'il avait agi comme commandant de la colonie, que la perception des droits de douane avait été faite en vertu de sa fonction et que, par conséquent, c'est l'autorité administrative qui devait être saisie de la réclamation (Trib. Confl., jug. du 5 juin 1886, *Hanet-Cléry*).

Administration générale (V. Divisions administratives).

Affaires étrangères.

Un décret du 26 mars 1886 a institué auprès du ministère des Affaires étrangères un comité consultatif des protectorats, composé de seize membres, un représentant du Conseil d'État, un représentant de chaque ministère et quatre membres de droit : le directeur des affaires politiques, le directeur des affaires commerciales et consulaires, le sous-directeur chargé du service des protectorats et le chef de la division de la comptabilité au ministère des Affaires étrangères.

« Art. 4. Le comité délibère sur toutes les affaires qui lui sont soumises par le ministre. — Il se réunit aussi souvent que les besoins du service l'exigent et, en tout état de cause, une fois par mois. »

Affectation et désaffectation (Jurisprudence).

Lorsqu'un immeuble a été par une ville concédé pour être affecté à l'établissement d'un séminaire, si plus tard la concession est retirée, il y a lieu à règlement des indemnités dues au concessionnaire pour constructions et améliorations. Le règlement de ces indemnités n'est pas de la compétence de l'autorité administrative. C'est le tribunal civil qui est compétent pour statuer sur une contestation qui doit être résolue d'après le droit commun et les dispositions du Code civil (Trib. Confl., jug. du 3 juillet 1886, *évêque de Moulins*).

Affouages (Jurisprudence).

Un affouagiste est-il recevable à déférer directement au Conseil d'État l'arrêté par lequel le préfet a homologué le rôle des taxes affouagères dans la commune? Il pourra seulement réclamer devant le conseil de préfecture la réduction de sa propre cotisation (Cons. d'Ét., arr. du 16 juillet 1886, *Picquet*).

Appel comme d'abus.

Un décret du 12 février 1886 a prononcé une déclaration d'abus contre l'évêque de Pamiers, pour avoir, dans un mandement, c'est-à-dire dans un acte de son ministère ecclésiastique, protesté contre la suspension du traitement de plusieurs desservants de son diocèse et déclaré notamment que « la décision du ministre pouvait officiellement priver de leurs pasteurs plus de 30,000 catholiques. » Sur ce dernier point, le décret est ainsi motivé : « Considérant en droit que toute paroisse légalement établie doit être desservie; — que si, pour une cause quelconque, le service ne peut être assuré par le titulaire d'une cure ou d'une succursale, il appartient à l'évêque d'y pourvoir suivant l'exigence des cas; — qu'au lieu de s'occuper des mesures à prendre en vue de l'accomplissement de ce devoir, l'évêque de Pamiers s'est adressé aux fidèles de plusieurs paroisses et a fait naître dans leur esprit la crainte de la suspension du service religieux; qu'il a fait usage d'un procédé pouvant troubler arbitrairement les consciences. »

Un autre décret, du 16 mars 1886, a déclaré qu'il y avait abus, dans un mandement de l'évêque de Grenoble : « Considérant, y est-il dit, que l'évêque de Grenoble, en usant de l'autorité qui ne lui a été conférée que sur les choses spirituelles, pour exciter son clergé au mépris du gouvernement de la République, a commis un excès de pouvoir. »

Un autre décret du même jour a déclaré l'abus contre l'évêque de Séez.

Un décret du 24 mars 1886 a prononcé la déclaration d'abus contre l'évêque de Saint-Dié, pour un mandement du 23 janvier 1886, « en ce qu'il a ordonné, sans autorisation du gouvernement, la publication des deux encycliques *Immortale Dei* et *Quod auctoritate*.

Armée. — Mise à la réforme (Jurisprudence).

Lorsqu'un conseil d'enquête est réuni pour la mise à la réforme, si le lieutenant-colonel est empêché et qu'il y ait dans le régiment d'autres officiers en nombre suffisant pour le remplacer, la composition du Conseil est irrégulière et peut entraîner l'annulation de la décision présidentielle qui prononce la mise en réforme (Cons. d'Ét. du 27 novembre 1885, *Le Cadre*).

Associations syndicales (Jurisprudence).

Les membres d'une association syndicale constituée sous l'empire de la loi du 16 septembre 1807 peuvent, chaque année, contester l'application qui leur est faite des bases de la taxation de leurs propriétés. Mais ils ne peuvent pas attaquer annuellement les bases elles-mêmes; ils n'ont pu se pourvoir pour en demander la réformation que dans les trois mois qui ont suivi l'émission du premier rôle (Cons. d'Ét., arr. du 19 mars 1886, *Syndicat de la Durance* c. *Saporta*).

Caisses d'épargne.

Rapport au président de la République sur les opérations

de la Caisse d'épargne nationale pendant l'année 1885, du 27 octobre 1886 (*Officiel* du 4 novembre 1886).

Rapport sur les Caisses d'épargne en 1883, du 30 novembre 1886 (*Officiel* du 11 décembre 1886).

Caisse des retraites de la vieillesse.

La loi du 20 juillet 1886 a modifié les conditions dans lesquelles peut être acquise une pension de retraite pour la vieillesse. Le maximum, qui était de 1,500 fr., a été réduit à 1,200 fr., et le minimum, qui était de 1 fr., a été porté à 2 fr.

« Art. 22. Les fonds de la caisse nationale des retraites sont employés en rentes sur l'État, en valeurs du Trésor ou, sur la proposition de la Commission supérieure et avec l'autorisation du Ministre des Finances, soit en valeurs garanties par le Trésor, soit en obligations départementales ou communales.

— Les sommes nécessaires pour assurer le service des arrérages sont déposées en compte-courant au Trésor. Le taux de l'intérêt dudit compte est fixé par le Ministre des Finances et ne peut être inférieur au taux d'après lequel est calculé, pour l'année, le montant des rentes viagères à servir aux déposants. »

Chemins de fer (Police).

« Nul ne peut être appelé aux fonctions de commissaire de police ou d'inspecteur spécial de la police des chemins de fer : 1° s'il est âgé de plus de quarante ans ; 2° s'il n'a atteint sa vingt-cinquième année ; 3° s'il n'a été agréé par le Ministre de l'Intérieur ; 4° s'il n'a été porté sur la liste d'admissibilité dressée à la suite d'un examen.

« Les candidats ne pourront se présenter aux examens avant vingt-trois ans ; ils ne le pourront plus après trente-cinq ans.

— Toutefois, ceux qui justifieront de cinq ans de services militaires seront admis aux épreuves jusqu'à quarante ans » (arrêté du Ministre de l'Intérieur, du 31 décembre 1885, art. 1 et 2). L'article 3 et suivants de l'arrêté déterminent les conditions et les matières de l'examen.

Chemins vicinaux (Jurisprudence).

Lorsqu'un chemin a été régulièrement classé comme chemin vicinal, le sol qui se trouve compris dans les limites est, par l'effet de l'arrêté de classement, attribué à la voie publique, et le propriétaire, si le sol ou une partie lui appartient, ne peut que demander une indemnité. S'il était poursuivi pour avoir bâti sur le chemin, il ne pourrait pas demander que le conseil de préfecture sursît à statuer jusqu'à ce que l'autorité judiciaire eût prononcé sur la question de propriété. La décision sur la question de propriété ne changerait rien au fond, puisque le droit du riverain, en supposant qu'il fût admis, se transformerait en une indemnité (Cons. d'Ét., arr. du 2 juillet 1886, *Knür*).

Colonies. — Océanie.

Un décret du 28 décembre 1885 a fixé l'organisation des colonies de l'Océanie.

Administration centrale. — Un arrêté du Ministre de la Marine du 22 janvier 1886 dispose que « toute la correspondance émanant du service colonial sera signée par le sous-secrétaire d'État au département, sauf les exceptions ci-après : 1° rapports à M. le Président de la République; 2° dépêches au Ministre des Finances tendant à l'ouverture ou à l'annulation de crédits; 3° dépêches et rapports intéressant en même temps le service de la marine et le service colonial. »

Un décret du 25 février 1886 modifiant le décret du 11 janvier 1885 divisait l'administration centrale en deux sous-directions : 1° *la sous-direction politique;* 2° *la sous-direction du régime économique des colonies.*

Le sous-directeur politique avait sous ses ordres quatre bureaux : 1° le bureau des affaires politiques et de l'administration générale; 2° le bureau de la justice, de l'instruction publique et des cultes; 3° le bureau de l'administration pénitentiaire; 4° le bureau des affaires militaires.

Le sous-directeur de l'administration économique et financière avait sous ses ordres trois bureaux : 1° le bureau du régime économique des colonies; 2° le bureau des finances et des comptabilités-matières; 3° le bureau des marchés, approvisionnements et transports.

Cette organisation vient d'être changée par le décret du 3 janvier 1887, rendu en exécution de la loi de finances du 30 décembre 1882, art. 16. — Le service est partagé en trois divisions, dont la première compte trois bureaux et chacune des autres deux bureaux. Le personnel se compose de trois chefs de division, de sept chefs de bureaux et de onze sous-chefs de bureaux, de commis expéditionnaires et de commis rédacteurs. L'entrée dans les bureaux a lieu au concours. Les commis expéditionnaires sont recrutés par un concours d'expéditionnaires stagiaires, qui sont mis à l'épreuve pendant une année et ne sont commissionnés qu'après l'expiration de ce délai. Ceux qui ne sont pas commissionnés cessent immédiatement de faire partie de l'administration. Pour être admis au concours des commis rédacteurs, il faut être âgé de 20 ans au moins et de 25 ans au plus. Les expéditionnaires ont le droit de concourir jusqu'à 30 ans. Les concurrents doivent être Français et avoir un des diplômes ou certificats suivants :

Licencié en droit, ès-sciences ou ès-lettres ;

Brevet de l'École des langues orientales ;

Diplôme de l'École des chartes ;

Certificat d'examen de sortie des Écoles polytechnique, normale supérieure, Saint-Cyr, navale, forestière, centrale des arts et manufactures ;

Brevet d'officier en activité des armées de terre ou de mer.

Le décret règle l'avancement des employés.

« Art. 10. L'avancement en classe a lieu d'une classe à la classe immédiatement supérieure. — Nul ne peut être promu à une classe supérieure s'il n'a au moins un an d'exercice dans la classe qu'il occupe. — Le choix pour les emplois de chef de division et de chef de bureau ne peut porter que sur les fonctionnaires des deux classes de l'emploi immédiatement inférieur ayant servi deux ans au moins dans cet emploi.

Le choix pour l'emploi de sous-chef de bureau ne peut porter que sur les commis principaux ou sur les commis rédacteurs de première classe ayant au moins quatre ans de services à l'administration centrale des colonies. — Le choix pour l'avancement à l'emploi de commis principal ne peut porter que sur les commis de première classe ayant accompli au moins une année de service dans ladite classe. — Le ministre exerce ce droit dans les limites du crédit porté au chapitre du personnel de l'administration centrale. — Les nominations ou promotions des fonctionnaires de l'administration centrale sont rendues publiques dans le mois qui suit, selon le mode prescrit par un arrêté ministériel. — Les huissiers et gardiens de bureau avanceront par des augmentations successives de 100 fr., dans les conditions prévues par le règlement intérieur du ministère.

« Art. 11. Par dérogation aux articles 6 et 10, un cinquième des vacances dans les emplois de chef de division, de chef et de sous-chef de bureau et de commis principal peut être rempli par des officiers ou assimilés, ou par des fonctionnaires d'autres administrations publiques ayant un traitement de France au moins égal à celui de la classe de l'emploi dans lequel il est admis. — Ces fonctionnaires et officiers doivent justifier de l'un des titres exigés des candidats au concours pour l'emploi de commis rédacteur. Ils sont admis, conformément aux prescriptions de l'article 9, à la dernière classe de l'emploi. Les officiers admis dans ces conditions doivent donner immédiatement leur démission.

Première division. — Bureaux.	Chefs.	Sous-Chefs.
1er bureau. — Affaires politiques, administration générale, archives coloniales	1	2
2e bureau. — Justice, instruction publique, cultes.	1	1
3e bureau. — Affaires militaires, soldes et pensions.	1	2

2e Division.

	Chefs.	Sous-Chefs.
4e bureau. — Administration pénitentiaire, colonisation pénale	1	1
5e bureau. — Régime économique des colonies, travaux publics, colonisation libre	1	2

3e Division.

	Chefs.	Sous-Chefs.
6e bureau. — Finances et comptabilités-matières.	1	2
7e bureau. — Marchés, approvisionnements et transports. Service intérieur	1	1

Art. 2. Les traitements et les classes du personnel de l'administration centrale sont fixés ainsi qu'il suit :

Directeur . . . .   20,000 fr.
(Lorsque l'administration des colonies est confiée à un sous-secrétaire d'État, l'emploi de directeur est supprimé.)

Chefs de division . . . .   10,000 fr.

Chefs de bureau	1re classe (2 au maximum) . .	9,000
	2e classe.	8,000
	3e classe.	7,000
Sous-chefs	1re classe (3 au maximum) . .	6,000
	2e classe.	5,500
	3e classe (4 au minimum) . .	5,000
Commis rédacteurs principaux	1re classe.	4,500
	2e classe.	4,000
Commis rédacteurs	1re classe.	3,600
	2e classe.	3,300
	3e classe.	3,000
	4e classe et stagiaires	2,700
Commis expéditionnaires principaux	1re classe.	3,600
	2e classe.	3,300
Commis expéditionnaires	1re classe.	3,000
	2e classe.	2,700
	3e classe.	2,400
	4e classe.	2,200
	5e classe.	2,000

Huissiers et gardiens de bureaux de 1,300 à.   2,000

Protectorat (Annam et Tonkin). — Décret du 27 janvier 1886.

A Madagascar, les attributions du résident général sont déterminées par le décret du 7 mars 1886.

« Art. 2. Le résident général est le dépositaire des pouvoirs de la République à Madagascar. Il représente seul le Gouvernement français dans toute l'île. Il exerce toutes les attributions prévues par le traité du 17 décembre 1885 et par toutes les autres conventions intervenues ou à intervenir avec le Gouvernement hova. Il préside aux relations extérieures du Gouvernement hova ainsi qu'aux rapports entre les autorités malgaches et le Gouvernement français. »

Commis de chancellerie.

Le cadre des commis de chancellerie se composera dorénavant d'élèves chanceliers et de commis expéditionnaires. Le nombre des élèves chanceliers est fixé à 50; celui des commis expéditionnaires est fixé d'après les besoins du service.

Nul ne pourra être nommé chancelier de troisième classe : 1° s'il n'a pas vingt-cinq ans accomplis; 2° s'il ne justifie pas de la connaissance de la langue du pays où il est appelé à remplir ses fonctions, sauf dans les postes auxquels sont attachés des drogmans ou interprètes; 3° s'il n'est bachelier ou s'il n'a satisfait aux examens de sortie d'une école du Gouvernement, ou s'il n'a été officier dans l'armée active de terre ou de mer, ou s'il n'est diplômé de l'École des sciences politiques, de l'École des hautes études commerciales ou de l'Institut agronomique; 4° s'il n'a, en outre, accompli à l'administration centrale des Affaires étrangères ou dans une chancellerie, dans une étude de notaire ou d'avoué, ou dans une maison de banque ou de commerce (en qualité de clerc ou d'employé rétribué), un stage de trois ans dûment constaté (Décr. du 24 juin 1886, art. 1, 2, 3, 4).

Conseil d'État. — Règlement intérieur.

Décret du 3 avril 1886, qui modifie l'article 7 du décret du 2 août 1879, relatif aux affaires qui doivent être portées à l'assemblée générale.

« Art. 7. Sont portés à l'assemblée générale du Conseil d'État : 1° les projets et propositions de loi renvoyés au Conseil d'État; 2° les projets de règlement d'administration publique; 3° l'enregistrement des bulles et autres actes du Saint-Siège; 4° le recours pour abus; 5° les autorisations de congrégations religieuses et la vérification de leurs statuts; 6° la création des établissements ecclésiastiques ou religieux; 7° l'autorisation d'accepter des dons et legs excédant 50,000 fr., lorsqu'il y a opposition des héritiers; 8° l'annulation des délibérations prises par les conseils généraux des départements dans les cas prévus par les articles 33 et 47 de la loi du 10 août 1871; 9° les impositions d'office établies sur les départements dans les cas prévus par l'article 61 de la loi du 10 août 1871; 10° les traités passés par la ville de Paris pour les objets énumérés dans l'article 16 de la loi du 24 juillet 1867 ; 11° les changements apportés à la circonscription territoriale des communes ; 12° la création des octrois ; 13° la création des tribunaux de commerce et des conseils de prud'hommes, la création ou la prorogation des chambres temporaires des cours et tribunaux ; 14° la création des chambres de commerce ; 15° la naturalisation des étrangers donnée, à titre exceptionnel, en vertu de l'article 2 de la loi du 20 juin 1867 ; 16° les prises maritimes ; 17° la délimitation des rivages de la mer ; 18° les demandes en concession de mines soit en France, soit en Algérie ; 19° l'exécution de travaux publics à la charge de l'État qui peuvent être autorisés par décret ; 20° l'exécution des tramways ; 21° les concessions de dessèchement de marais, les travaux d'endiguement et ceux de redressement des cours d'eau non navigables ; 22° l'approbation des tarifs des ponts à péage et des bacs. et les rachats de concessions des ponts à péage ; 23° l'établissement des droits de tonnage dans les ports maritimes ; 24° l'autorisation des sociétés d'assurance sur la vie, des tontines et les modifications des statuts des sociétés anonymes autorisées avant la loi du 24 juillet 1867 ; 25° la suppression des établissements dangereux, incommodes et insalubres dans les cas prévus par le décret du 15 octobre 1810 ; 26° toutes les affaires non comprises dans cette nomenclature sur lesquelles il doit être statué, en vertu d'une disposition spéciale par décrets rendus dans la forme des règlements d'administration publique ; 27° enfin, les affaires qui, à raison de leur importance, sont renvoyées à l'examen de l'assemblée générale, soit par les ministres, soit par le président de la section, d'office ou sur la demande de la section.

Conseils généraux (Législation).

L'article 30 de la loi du 10 août 1871 est complété par l'addition des paragraphes suivants qui prendront place entre le premier et le second alinéa de la disposition actuelle :

« Toutefois, si le conseil général ne se réunit pas au jour fixé par la loi ou par le décret de convocation en nombre suffisant pour délibérer, la session sera renvoyée de plein droit au lundi suivant; une convocation spéciale sera faite d'urgence par le préfet. Les délibérations alors seront valables, quel que soit le nombre des membres présents. La durée légale de la session courra à partir du jour fixé pour la seconde réunion. — Lorsqu'en cours de session les membres présents ne formeront pas la majorité du conseil, les délibérations seront renvoyées au surlendemain, et alors elles seront valables, quel que soit le nombre des membres présents. — Dans les deux cas, les noms des absents seront inscrits au procès-verbal » (Loi du 31 mars 1886).

Conseil général (Jurisprudence).

La délibération d'un conseil général à laquelle ont concouru deux membres qui se trouvaient dans des cas d'incompatibilité est-elle entachée de nullité? La question avait été soulevée devant le Conseil d'État (16 juillet 1886, *Dupontvieux*); mais le Conseil d'État ne l'a point résolue. Le Ministre, de son côté, a émis l'avis que la nullité pouvait et devait être prononcée. Il y a, pour attaquer les élections des conseillers généraux, une procédure déterminée et une autre pour annuler les délibérations des conseils généraux. Il ne faut confondre ni les causes de nullité ni les formes à suivre pour des nullités d'espèces différentes.

Contentieux (*Droit comparé. — Grand duché de Bade*).

Une loi du 14 juin 1884, en 49 articles, a réglé la compétence par voie d'énumération. Cette énumération est fort développée et il n'y a pas lieu, en présence de dispositions aussi précises, de se demander s'il y a, pour les cas qui ne seraient pas compris dans cette énumération, un juge ordinaire du contentieux administratif. Chez nous, le législateur a aussi procédé par énumération; mais l'énumération peut être considérée comme énonciative; elle n'est pas poussée assez loin pour être limitative. La loi badoise du 14 juin 1884 énumère vingt-cinq espèces d'affaires pour lesquelles sont compétents, en première instance, les tribunaux administratifs de district en première instance et la cour de justice administrative en appel. La même loi énumère trente espèces d'affaires dont la cour de justice administrative connaît en premier et dernier ressort.

Costume (Jurisprudence).

Les adjoints du génie sont assimilés aux officiers d'administration; ils ont droit aux mêmes prérogatives et aux mêmes honneurs (Lois des 13 mars 1875 et 16 mars 1882). Ont-ils, par suite, droit au même costume? Le costume fait-il partie des honneurs dont il serait le signe distinctif? C'est ce qui a été soutenu dans un pourvoi contre une décision du Ministre qui, d'après le réclamant, aurait placé les adjoints du génie dans un état d'infériorité par rapport aux officiers d'administration. Le Conseil d'État a décidé que les arrêtés portant description d'uniforme n'étaient pas de nature à pouvoir être l'objet d'un recours par la voie contentieuse. Ce sont là des actes d'administration pure (Cons. d'Ét., arr. du 13 novembre 1885, *Sévigny*).

Cour des comptes (Jurisprudence).

Un receveur municipal a été condamné par le conseil de préfecture, non pour retard dans la production de ses comptes, mais pour inexécution d'un arrêté provisoire qui ordonnait un reversement. Sur l'appel, la Cour des comptes a déchargé le receveur municipal de l'amende : « Considérant que l'article 159 de la loi du 5 avril 1884 ne permet aux juges des comptes de deniers communaux d'infliger une amende à leurs justiciables que dans le seul cas où ces comptables n'auront pas présenté leurs comptes dans les délais prescrits; que cette disposition pénale est de droit étroit; qu'aucun texte de loi n'en a étendu l'effet au cas de retard ou de refus d'exécuter un arrêté de compte même définitif, et que, dès lors, dans l'espèce, le conseil de préfecture n'a pu, sans méconnaître la limite de ses pouvoirs, condamner le receveur municipal à une amende » (Cour des comptes, arr. du 12 avril 1885, *Guénée*).

La révision d'un compte de receveur municipal ne peut être demandée contre le comptable que pour cause d'erreur, d'omission ou de double emploi (art. 14 de la loi du 16 septembre 1807). Il n'y a pas lieu à révision, parce que le comptable aurait engagé sa responsabilité en négligeant de prendre les mesures conservatoires relativement à une créance léguée à la commune, alors surtout qu'il n'est pas prouvé légalement que l'existence du legs ait été officiellement dénoncée au receveur (Cour des comptes, arr. du 15 avril 1885, *Jourdan, receveur de la commune de Caseneuve (Vaucluse).*

Cours d'eau. — Curage (Jurisprudence).

Le préfet a réglé, par des arrêtés, le curage d'une rivière non navigable ni flottable; ces arrêtés ont un caractère permanent et ont été approuvés par le Ministre de l'Agriculture. Ils n'étaient cependant pas réguliers; car il n'y avait pas de règlement ancien, et le préfet n'est compétent que s'il procède en vertu de règlements ou d'usages anciens. Les riverains peuvent-ils attaquer ce règlement pour excès de pouvoir? L'excès de pouvoir n'est pas douteux; mais il s'agit de règlements généraux, ce qui soulève la question de recevabilité du pourvoi. Le Conseil d'État a rejeté le recours pour excès de pouvoir en se fondant sur ce motif que les riverains, s'ils étaient poursuivis pour contravention au règlement, pourraient se défendre en se fondant sur l'illégalité du règlement : « Considérant que les arrêtés attaqués ne font pas obstacle à ce que le sieur Décamps, s'il s'y croit fondé, forme une demande en décharge des taxes auxquelles il a pu être imposé » (Cons. d'Ét., arr. du 20 novembre 1885, *Décamps*).

Dettes de l'État (Jurisprudence).

L'État est responsable du préjudice résultant du voisinage d'un polygone et de la chute des projectiles pendant les opérations du tir. Cette responsabilité a été réclamée par un tuilier dont l'industrie a eu beaucoup à souffrir de ce voisinage, et qui s'est plaint spécialement de la perte de clientèle qui en aurait été le résultat. Le Conseil d'État a admis le droit à indemnité, mais a repoussé la demande du chef de la clientèle : « Considérant qu'il n'y a pas lieu de tenir compte de la perte de la clientèle qui ne saurait être considérée comme un dommage direct imputable au fait de l'administration » (Cons. d'Ét., arr. du 7 août 1886, *Michon Chauvelin c. Ministre de la Guerre*).

Le propriétaire voisin d'un champ de tir peut former une demande en indemnité fondée sur le trouble apporté dans sa jouissance par la chute des projectiles. Mais le Conseil d'État n'est pas compétent pour prescrire les mesures nécessaires pour faire cesser le dommage. Il y aurait immixtion dans l'administration active si la juridiction, statuant au contentieux, arrêtait l'exécution d'un arrêté qui désigne un champ de tir » (Cons. d'Ét., arr. du 4 décembre 1885, *de Narbonne* c. *Ministre de la Guerre*).

L'État est responsable du dommage causé à un navire par un écueil non apparent, faute par ses agents d'en avoir indiqué la présence (Cons. d'Ét., arr. du 11 décembre 1885, *La New-Quay-Mutual-Schip insurance Society* et *Leborgne*).

L'État ne peut pas faire de compromis. Les causes qui doivent être communiquées au ministère public ne peuvent pas faire l'objet d'un compromis (art. 1004 du C. de proc. civ.), et celles qui intéressent l'État sont toujours communicables (art. 83 Pr. civ.). On peut donc faire un compromis pour préparer les bases d'une transaction ou d'un accord qui sera plus tard soumis à l'approbation soit du chef de l'État, soit du pouvoir législatif; mais si le compromis n'était pas exécuté, l'État ne pourrait ni contraindre ni être contraint à y donner suite (Trib. Confl., jug. du 3 juillet 1886, *évêque de Moulins* c. *Ministre de l'Instruction publique et des Cultes*). — L'action contre l'État, en paiement des frais du compromis et des droits d'enregistrement, doit être portée devant l'autorité administrative. Il en est de même de l'action contre le ministre personnellement, car le ministre a agi en vertu de ses fonctions, et la faute, s'il y en a une, est inhérente à l'exercice des fonctions (Même jugement sur conflit).

Discipline (Jurisprudence).

Les questions de discipline ne peuvent pas, sous la forme d'actions en dommages-intérêts, être déférées à l'autorité judiciaire, sur le fondement que le pouvoir disciplinaire aurait été exercé en dehors des dispositions légales ou réglementaires (Trib. Confl., jug. du 31 octobre 1885, *Francomme* c. *Trovalet*).

Divisions administratives.

Le nombre des départements est de 86 et, avec le territoire de Belfort, 87. — Celui des arrondissements n'a pas varié non plus; il est de 362. Le nombre des cantons, qui était de 2,868, a été porté à 2,871 par la création de deux justices de paix à

Marseille (loi du 13 novembre 1885), et d'une autre à Denain (Nord) par la loi du 29 décembre 1886. Le nombre des communes s'est accru de 23 dans la période quinquennale de 1881 à 1886. Il a été porté de 36,097 à 36,120. Le chiffre des nouvelles communes créées est de 30; mais il y a eu, d'un autre côté, 7 suppressions dont la déduction réduit à 23 le chiffre de l'augmentation.

Droit municipal (*Droit comparé. — Grand duché de Bade*).

Une loi du 16 juin 1884, modifiant celle du 24 juin 1874, a disposé que les fonctions de bourgmestre en chef (*Oberburgmeister*) et celles des bourgmestres ou adjoints seraient rétribuées, et que le traitement serait fixé, diminué ou augmenté par une décision de l'assemblée communale, sans que cependant il puisse être diminué pendant la durée légale des fonctions du titulaire.

Droit des pauvres (Jurisprudence).

Le droit des pauvres est dû sur le produit d'un concert organisé par des particuliers, alors même qu'il ne serait pas public, en ce sens qu'on n'y pourrait être admis que sur la présentation de lettres d'invitation personnelles, si ces lettres, remises à plusieurs dames patronesses, sont délivrées contre argent à des personnes. Il y a là une appréciation de faits pouvant servir à prouver qu'il s'agissait d'une réunion publique (Cons. d'Ét., arr. du 20 novembre 1885, *Bureau de bienfaisance de Saint-Servan* c. *Guibourg*). Il n'y a pas lieu à faire à ces concerts la réduction à 5 0/0 de la recette brute que la loi du 3 août 1875 accorde pour les concerts non quotidiens donnés par des artistes ou associations d'artistes. Cette faveur, faite aux artistes, ne doit pas être étendue à une *œuvre de bienfaisance* faite par des artistes (Même arrêt).

Droit de préemption (Jurisprudence).

Les propriétaires riverains ont un droit de préemption sur les parcelles déclassées d'un chemin vicinal (art. 19 de la loi du 21 mai 1836). S'il s'élève des difficultés sur l'exercice du droit, l'autorité administrative serait-elle compétente pour en connaître? L'intérêt général n'est pas engagé dans l'attribution de cette parcelle qui rentre dans la propriété privée. C'est donc à l'autorité judiciaire que devront être soumises les questions litigieuses sur la préemption, sauf le renvoi à l'autorité administrative de l'interprétation, s'il y a lieu, des actes de déclassement et d'autres questions préjudicielles (Cons. d'Ét., arr. du 22 janvier 1885, *dame veuve Lambert*).

Eaux minérales (Jurisprudence).

L'exploitation des sources d'eaux minérales est soumise à l'autorisation administrative et, pour l'accorder ou la refuser, l'administration doit uniquement se placer au point de vue de la santé publique. Si elle refusait l'autorisation en vue de protéger une source d'eaux minérales voisine appartenant à l'État, il y aurait excès de pouvoir par détournement d'autorité (Cons. d'Ét., arr. du 16 juillet 1886, *Dubois,* V. Avis du Conseil d'État (section des travaux publics, de l'agriculture et du commerce) du 6 août 1884).

Élections départementales (Jurisprudence).

Les bureaux électoraux dans les communes ne prennent que des décisions provisoires, et ces décisions peuvent être contradictoires, sur la même question, dans les différentes communes. Pour obtenir l'expression de la volonté exprimée par les électeurs du canton, il faut que la commission de recensement ait le pouvoir de rectifier les opérations des bureaux des communes. Dans un avis du 3 avril 1886, le Conseil d'État a décidé « qu'il « appartient à la commune du recensement général des votes « de vérifier et de rectifier, s'il y a lieu, le classement et l'at- « tribution des bulletins annexés aux procès-verbaux des opé- « rations électorales. »

Élections municipales (Jurisprudence).

Éligibilité. — Sont éligibles non-seulement les électeurs domiciliés, mais les contribuables non domiciliés dans la commune qui sont portés sur les rôles des contributions directes ou ceux qui auraient pu réclamer leur inscription avant le 1er janvier (art. 31 de la loi du 5 avril 1884). L'article 6 de la loi du 10 août 1871, sur les conseils généraux, va plus loin; il déclare éligibles non-seulement les contribuables qui auraient pu réclamer leur inscription au rôle le 1er janvier, mais encore ceux qui, *depuis la même époque,* ont hérité d'une propriété foncière dans le département. Cette partie de la disposition n'a pas été reproduite dans la loi municipale : « Dans l'intérêt de l'unité de la législation, dit M. Morgand, il eût été désirable que le même bénéfice eût été étendu aux candidats aux conseils municipaux » (*La loi municipale,* t. I, p. 165).

Dans les cas prévus par l'article 80 de la loi du 5 avril 1884, les candidats ont le choix entre leur mandat et leurs fonctions. Ils peuvent se démettre de leurs fonctions pour rester maires ou adjoints. La loi ne dit pas, en effet, qu'ils ne peuvent pas être élus; mais qu'ils ne peuvent pas être à la fois maires ou adjoints et investis de certaines fonctions que la loi énumère (Cons. d'Ét., arr. du 27 mars 1885, *Castex*).

Dans les communes où il n'y a pas de bureau de bienfaisance, il faudra considérer comme ne pouvant pas être conseillers municipaux, les individus portés sur la liste des indigents et qui prennent part aux distributions de secours, alors même qu'ils sont inscrits au rôle des contributions directes (Cons. d'Ét., arr. du 23 décembre 1884, *élect. de Thisy*).

La démission donnée postérieurement à l'élection par un agent salarié de la commune n'a pas pour effet de rendre valable l'élection comme conseiller municipal. Dans le cas de l'article 33 de la loi du 5 avril 1884, la jurisprudence interprète l'article 33, en ce sens qu'il y a incapacité d'être élu, tandis que l'article 80 établit seulement une incompatibilité.

L'archiviste de la commission départementale ne doit pas être considéré comme employé de la préfecture; il est rétribué sur les fonds affectés aux frais généraux de cette commission et n'est pas, comme employé de cette commission, inéligible au conseil municipal (Cons. d'Ét., arr. du 13 mars 1885, *élect. de Pompignie*).

D'après l'article 86 de la loi du 5 avril 1884, le maire révoqué est rééligible, même avant l'expiration de l'année, s'il est procédé aux élections générales. Il s'agit dans cet article des élections générales en France et non des élections générales dans la commune (Cons. d'Ét., 1ᵉʳ mai 1885, *Bénévent*).

Ni le médecin qui reçoit un traitement pour les visites qu'il fait au dispensaire municipal, ni l'horloger qui reçoit une ré-

munération fixe pour remonter l'horloge du beffroi, ne sont des agents salariés de la commune; ils sont éligibles au conseil municipal. Est, au contraire, inéligible comme agent salarié de la commune, un particulier qui est chargé, à titre d'intermédiaire, et moyennant une rémunération proportionnelle, de toucher les droits de port dus à la commune par les bateliers (Cons. d'Ét., arr. du 14 novembre 1884, *élect. d'Angers*).

Listes électorales (Jurisprudence).

Listes électorales. — Les individus portés sur les listes électorales peuvent seuls être admis à voter. Ceux qui n'y figurent pas, même par suite d'une erreur naturelle, ne sont pas reçus à moins qu'ils ne soient porteurs d'une décision judiciaire qui reconnaît leur droit. Inversement, ceux qui sont inscrits doivent être admis à voter, alors même qu'ils seraient frappés d'incapacité électorale. Est-ce à dire que malgré leur incapacité, il y aura lieu de compter leur vote par cela seul qu'ils ont été portés sur la liste et ont pris part aux opérations électorales? Nullement, car, à l'occasion de l'action en nullité de l'élection, l'incapacité de l'électeur pourra être relevée pour faire déduire la majorité de la voix contestée et obtenir la nullité des opérations (Cons. d'Et., arr. des **27** mars **1885**, *élect. de Sainte-Affrique*, et 24 avril 1885, *Verdalle*).

Pourvoi en cassation. — Les décisions du juge de paix relatives à l'inscription sur les listes électorales peuvent être attaquées devant la Cour de cassation où elles sont jugées par la chambre civile. Le pourvoi est fait par simple requête et transmis au greffe de la Cour de cassation, par le greffe de la justice de paix. Le pourvoi n'est pas fait par déclaration au greffe de la justice de paix, mais par simple requête. Ce qui est fait par le greffe de la justice de paix, c'est la transmission des pièces au greffe de la Cour de cassation (V. au t. IV de notre traité, sous le titre de *Code électoral,* l'art. **23** du décret réglementaire du **2** février **1852** et les *notes* sous cet article).

Opérations électorales. — L'article **77** de la loi du **5** avril **1884** porte que la convocation des conseillers municipaux pour l'élection du maire doit faire une mention spéciale de l'objet de la convocation. L'omission de cette indication entraîne la nullité de l'élection du maire (Cons. d'Ét., arr. du 20 février 1885, *élect. de Carhaix*).

Démissions. — La démission des maires et adjoints doit être adressée au préfet et ne devient définitive que par l'acceptation; ils restent en fonctions jusqu'à l'installation de leurs successeurs (Cons. d'Ét., avis de la section de l'intérieur du 20 janvier 1885). — Le maire qui, aussitôt après son élection, déclare ne pas accepter, est considéré comme n'ayant jamais été maire; il n'y a pas lieu à démission et on peut procéder à une élection nouvelle comme s'il n'avait pas été élu. Si, au contraire, il avait pris place au siège du maire, s'il avait procédé à l'élection de l'adjoint, il y aurait eu installation et, pour procéder à une élection nouvelle, il faudrait procéder par démission et la faire accepter par le préfet (Cons. d'Ét., arr. du 27 mars 1885, *élect. de Lanneplua*).

Aux termes de l'article 40 de la loi du 5 avril 1884, le recours contre les décisions des conseils de préfecture doit, à peine de nullité, être déposé au secrétariat de la préfecture ou de la sous-préfecture dans le délai d'un mois à partir de la notification à la partie. Il faut que la requête énonce les moyens du pourvoi, et il ne suffirait pas de déposer un recours indéterminé. Le dépôt d'un mémoire où les moyens seront précisés et développés ne relèverait pas de sa nullité la requête primitive, si le mémoire n'était déposé qu'après l'expiration du mois (Cons. d'Ét., arr. du 8 janvier 1886, *élect. d'Armentières*).

Enregistrement (Jurisprudence).

Acte administratif. — La concession d'un canal d'irrigation à une compagnie avec la stipulation que le canal appartiendra d'abord pendant cinquante ans à la compagnie, et puis à perpétuité à la ville sur le territoire de laquelle il doit être construit, investit la compagnie concessionnaire d'un véritable droit de propriété. La cession par la compagnie donne lieu à la perception du droit principal de 5 fr. 50 0/0 (6 fr. 87 1/2 avec les décimes) de la vente d'immeubles. — Il appartient aux tribunaux civils, seuls compétents en matière d'enregistrement, d'apprécier et d'interpréter, pour l'application des droits, les conventions formées en vertu d'actes administratifs et ces actes eux-mêmes. C. cass., Ch. civ., arr. du 3 février 1886 (D. P., 1886, I, 990).

Fondation de services religieux. — La constitution d'une rente perpétuelle au profit d'une fabrique qui s'engage, de son côté, à faire célébrer périodiquement des services religieux à l'intention du constituant, représente non une libéralité, mais une convention commutative dont le caractère dominant est, de la part de la fabrique, celui d'une obligation ou d'un louage d'industrie passible du droit de 1 0/0. Solution de la Régie, 2 mai 1886 (D. P., 1886, III, 119).

Exigibilité. — La production d'un acte en justice constitue l'usage qui en rend l'enregistrement préalable nécessaire, non-seulement dans le cas où le litige porte sur le contenu de l'acte et son application, mais dans tous les cas où la production en a été faite dans un but et au soutien d'un intérêt en vue duquel la partie a jugé utile de s'en servir (art. 23 de la loi du 22 frimaire an VII). C. cass., Ch. civ., arr. du 26 juillet 1886 (D. P., 1886, I, 446). V. arr. du 29 juin 1885 (D. P., 1886, I, 268).

Fonds de commerce. — La loi du 28 février 1872, art. 7, a soumis au droit de 2 0/0 les *mutations à titre onéreux* des fonds de commerce et de clientèle. Mais les articles 8 et 9 qui fixent les délais et les conditions de l'enregistrement des cessions de cette nature ne répètent pas la même restriction aux actes à titre onéreux. La Cour de cassation a jugé, contre l'administration qui voulait faire prévaloir la généralité des termes employés par les articles 8 et 9, que la portée des mots fonds de commerce était fixée par l'article 7, qu'elle ne comprenait que les cessions à titre onéreux, et que les articles 8 et 9 n'avaient entendu parler que des fonds de commerce tels que les avait définis l'article 7. C. cass., Ch. civ., 2 août 1886 (D. P., 1886, I, 448) : « Attendu que ce serait ajouter au texte de la loi que d'en étendre l'application aux mutations à titre gratuit ; — qu'ainsi le jugement attaqué, en décidant que la cession à titre gratuit du fonds de commerce de Lebrun père à Lebrun fils n'était pas soumise au droit de 2 0/0 institué par la loi du 29 février 1872, et en annulant la contrainte décernée par la Régie, n'a fait qu'une exacte application de la loi. »

Fixation de prix par experts. — Lorsque le prix doit être, pour le tout ou pour partie, fixé par experts, si l'acquéreur est mis en possession immédiatement, les droits sont perçus sur la déclaration des parties. Il n'y a pas lieu à restitution d'une partie des droits lorsque, plus tard, le prix est définitivement fixé par les experts au-dessous de l'évaluation des parties. La perception a été faite régulièrement d'après la déclaration des parties (art. 60 de la loi du 22 frimaire an VII). Trib. de la Seine, 30 janvier 1885 (D. P., 1886, III, 32).

Élection de command. — L'avoué, dernier enchérisseur qui ne fournit pas, dans les trois jours de l'adjudication, l'acceptation de l'adjudicataire pour lequel il a enchéri, ne représente pas le pouvoir écrit qui doit être annexé à la minute de sa déclaration et déclare avoir agi en vertu d'un mandat verbal, doit être réputé adjudicataire personnel avec toutes les conséquences qui en découlent, notamment au point de vue de l'impôt. Solution de la Régie du 25 septembre 1885.

Production d'actes sous-seings privés. — La production d'actes sous-seings privés devant les comptables du Trésor ne constitue pas l'usage devant une autorité constituée. Les certificats peuvent être produits aux trésoriers-payeurs généraux sans que l'enregistrement en soit obligatoire. Décision du ministre des finances du 8 février 1884 (D. P., 1886, III, 8).

Jugement. — Est nul le jugement rendu en matière d'enregistrement s'il ne contient, dans aucune de ses parties, la preuve qu'il a été fait sur rapport en audience publique. C. cass., Ch. civ., 21 juillet 1885 (D. P., 1886, I, 86).

Restitution de droits. — La restitution de droit prescrite par la loi du 23 octobre 1884, pour les ventes dont le prix n'atteint pas 2,000 fr., s'applique-t-elle aux licitations entre majeurs qui sont ordonnées par la justice? Le tribunal de Foix, par jugement du 18 avril 1885 (D. P., 1886, III, 61), a décidé que la loi du 23 octobre 1884 s'appliquait à toutes les ventes qui sont faites devant le tribunal et spécialement aux licitations entre majeurs. Mais le tribunal de Beaune, par jugement du

24 octobre 1885 (D. P., 1886, III, 62), a décidé que ces licitations sont des ventes volontaires auxquelles ne s'applique
pas la loi du 23 octobre 1884.

Excès de pouvoir. — Voirie (Jurisprudence).

Le droit d'ouvrir des portes et fenêtres sur les rues et places
résulte de la nature même de la voie publique. Le maire ne
pourrait donc pas, sans commettre un excès de pouvoir, interdire aux riverains de la place ou rue des ouvertures pour
l'accès. Mais les intéressés peuvent renoncer à leur droit. Si
donc les auteurs des propriétaires s'étaient engagés, dans la
vente des terrains depuis transformés en place publique, à ne
pratiquer que des fenêtres garnies de barreaux, la réserve
serait valable et le maire pourrait, sans excès de pouvoir,
prendre un arrêté dans les limites de cette convention (Cons.
d'Ét., arr. du 22 janvier 1886, *Bernardet*).

Excès de pouvoirs. — Instruction primaire (Jurisprudence).

Une commission scolaire a condamné un père de famille à l'inscription, pendant quinze jours, à la porte de la mairie, par application de l'article 13 de la loi du 28 mars 1882, qui prononce
cette peine en cas de récidive. Mais il n'y avait pas récidive
dans le sens légal du mot, parce que la condamnation prononcée
par le juge de paix avait été effacée par le tribunal de police
correctionnelle qui, sur l'appel, avait renvoyé le contrevenant.
Il y avait donc erreur de droit dans la décision de la commission
scolaire et, par suite, violation ou fausse application de la loi.
Le commissaire du gouvernement avait conclu à l'admission du
recours pour excès de pouvoirs; mais le Conseil d'État l'a rejeté, refusant de considérer comme excès de pouvoirs une
simple violation ou fausse application de la loi (Cons. d'Ét.,
arr. du 13 novembre 1885, *Passerat de la Chapelle*. Concl.
cont. de M. *Chante-Grellet*).

Le préfet de la Haute-Vienne avait déclaré nulles des délibérations par lesquelles le conseil municipal de Limoges avait
blâmé des actes de l'inspecteur d'académie. Le maire de Limoges a déféré au Conseil d'État, comme entaché d'excès de
pouvoirs, l'arrêté qui annule les délibérations du conseil. Ce
recours est fondé sur ce motif que le préfet a procédé en vertu

des pouvoirs conférés par la loi du 5 avril 1884. Or, les faits qui se sont passés sont antérieurs à cette loi, et ce serait violer le principe de la non-rétroactivité que de faire régir par cette loi des faits antérieurs à sa promulgation. Le Conseil d'État a décidé qu'il n'était pas nécessaire de s'appuyer sur la loi de 1884 et que les délibérations du conseil municipal étaient entachées d'excès de pouvoir parce que le conseil avait délibéré sur des objets qui n'étaient pas de sa compétence. L'annulation pouvait être prononcée en vertu de la loi des 7-14 octobre 1790 et de la loi du 24 mars 1872 (Cons. d'Ét., arr. du 11 décembre 1885, *Ville de Limoges*).

L'arrêté par lequel un maire interdit « la vente aux enchères publiques de la viande, du poisson, de la volaille, du gibier, des primeurs, fruits, conserves alimentaires, en dehors des locaux désignés par l'administration municipale » est entaché d'excès de pouvoir parce qu'il viole le principe de la liberté du travail et de l'industrie (Loi des 2-17 mars 1791 et loi du 25 juin 1841). Cons. d'Ét., arr. du 9 avril 1886, *Curel frères*, et C. cass., Ch. crim., 13 juin 1885, *maire de Nîmes*. V. avis du Conseil d'État du 26 mars 1877, rapporté textuellement dans le *Recueil des arrêts du Conseil d'État*, 1886, p. 310, en note. Le règlement qui a été annulé par l'arrêt du Conseil d'État, du 9 avril 1886, était général ; les parties qui l'ont attaqué auraient pu écarter son application en soutenant, devant le juge de police, qu'il avait été fait illégalement (article 471, n. 15, du C. pén.). Le Conseil d'État, cependant, a décidé que les parties pouvaient prendre l'initiative et le faire annuler pour excès de pouvoir, sans attendre la poursuite pour contravention devant l'autorité judiciaire. — V. Cons. d'Ét., arr. du 4 juin 1886, *du Breil de Pontbriand*.

Expropriation d'utilité publique (Jurisprudence).

Plan parcellaire. — L'article 37 de la loi du 3 mai 1841 prescrit de mettre le plan parcellaire sous les yeux du jury. Il ne suffit pas de mentionner, dans le procès-verbal, que le tableau des offres et des demandes a été mis sous les yeux du jury, avec toutes les pièces, à l'appui des prétentions des parties ; il faut qu'une mention expresse ait le plan parcellaire pour objet, et, à défaut, il y aurait nullité aux termes de l'article 42 qui comprend l'article 37 parmi ceux dont l'inobservation donne ouverture à cassation. C. cass., Ch. civ., arr. du 18 août 1884 (D. P., 1886, I, 15).

Intervention. — Lorsqu'un tiers demande à intervenir devant le jury et y élève une contestation sur le fond du droit, le magistrat-directeur n'est pas compétent pour statuer sur la demande d'intervention. Il y a lieu, seulement, à fixer une indemnité hypothétique dont l'attribution pourra être débattue devant le tribunal. Il en est autrement, s'il s'agit d'un incident de procédure et, en ce cas, le magistrat-directeur pourrait prononcer. Ainsi, lorsqu'un propriétaire a été compris dans le jugement d'expropriation et qu'il intervient parce qu'on ne lui a pas notifié le jugement, c'est un simple incident de procédure; mais, au fond, le magistrat-directeur doit admettre l'intervention, car, aux termes de l'article 55 de la loi du 3 mai 1841, le propriétaire a le droit de poursuivre l'expropriation contre l'administration en retard. C. cass., arr. du 1er juillet 1884 (D. P., 1885, I, 15).

Édifices consacrés au culte. — Un édifice affecté au service du culte paroissial est situé, en partie, sur le tracé d'une place ou rue pour laquelle un décret, déclarant l'utilité publique, a été rendu. L'autorité administrative ne peut pas se mettre en possession de la partie retranchable, par cela seul qu'il y a déclaration d'utilité publique. Faudra-t-il que la commune exproprie? La commune est déjà propriétaire, et l'expropriation ne peut pas la rendre plus propriétaire qu'elle n'est; elle ne peut pas, en ce cas, faire passer la propriété de l'exproprié à l'expropriant. C'est par la désaffectation ou distraction de parties superflues qu'il faut procéder. Quelle serait l'autorité compétente pour prononcer la désaffectation? Nous pensons que les églises ayant été rendues au culte en vertu d'une loi, la désaffectation ne pourrait être prononcée que par le pouvoir législatif (Cons. d'Ét., arr. du 21 novembre 1884, paroisse *Saint-Nicolas-des-Champs*). Le conseil ne s'est pas prononcé sur la question de savoir à qui appartient le pouvoir de désaffecter les biens affectés à l'exercice du culte. Il a décidé seulement :

1° que le préfet ne pouvait se mettre en possession de la propriété tant que durait l'affectation, et 2° qu'il n'y a pas lieu à procéder par expropriation, la commune étant déjà propriétaire (D. P., 1886, III, p. 49 et 50).

Indemnité. — Lorsque le propriétaire se présente devant le jury au seul titre de propriétaire de l'immeuble dans lequel il exerçait son industrie, et qu'il réclame la division des évaluations entre les prix de l'immeuble et l'indemnité industrielle, à raison d'un intérêt personnel qu'il prétend avoir dans cette division, le jury n'est pas tenu de prononcer les indemnités distinctes. C. cass., Ch. civ., arr. du 3 mars 1886 (D. P., 1886, I, p. 379). V. t. VII, p. 89.

Réquisition d'expropriation intégrale. — Le droit de requérir l'acquisition intégrale d'un immeuble, dans les cas prévus par l'article 50 de la loi du 3 mars 1841, n'appartient qu'à celui qui a la pleine propriété de cet immeuble. En conséquence, cette réquisition ne peut être faite par le nu-propriétaire hors le consentement, et même encore, malgré l'opposition de l'usufruitier. C. cass., Ch. civ., arr. du 22 février 1886 (D. P., 1886, I, p. 380). Il en est de même en cas d'indivision. Un des deux propriétaires, par indivis, ne peut pas, sans le consentement de l'autre, requérir l'expropriation intégrale. C. cass., 13 février 1861 (D. P., 1861, I, 180). V. la distinction que nous proposons au t. VII, p. 102, à la *note*.

Indemnité hypothétique. — Le magistrat-directeur doit poser les questions correspondantes aux diverses hypothèses, d'une manière claire et précise : « Attendu que le magistrat-directeur, au lieu de poser deux questions distinctes, répondant à chacune de ces deux hypothèses, a interrogé le jury sur la question unique de savoir quelle somme devait être allouée au demandeur pour les parcelles d'une contenance de 2 ares 31 centiares, telle qu'elle était portée au jugement d'expropriation et pour laquelle le propriétaire demandait, d'après lui, une somme de 45,000 fr.; — Que la question, ainsi posée, était entachée de complexité; — Qu'en effet, l'un de ses termes, à savoir la somme due, était emprunté à la première hypothèse de la demande, tandis que l'autre, relatif à la contenance

expropriée, se référait exclusivement à la seconde hypothèse. »
— C. cass., Ch. civ., 17 mars 1885 (D. P., 1886, I, 112).

Conflit. — Des propriétaires, expropriés pour l'agrandissement d'une place de guerre, ont demandé une indemnité pour des carrières de chaux et de pierre exploitées dans les parcelles expropriées. L'administration expropriante ayant contesté le droit à indemnité, une somme a été fixée hypothétiquement par le jury. Les expropriés ont ensuite saisi le tribunal civil de leur demande en attribution de l'indemnité fixée à titre hypothétique. Le préfet a élevé le conflit devant le tribunal en se fondant sur ce que les carrières n'avaient pu être exploitées qu'avec l'autorisation du ministre de la guerre et que, par suite, l'administration était compétente pour connaître de l'action en dommages-intérêts fondée sur le retrait de cette autorisation. Mais l'arrêté du conflit a été annulé (Jug. du Trib. des conf. du 29 novembre 1884, *Dumolard*). « Considérant, dit le jugement, que la demande, formée par les héritiers Dumolard, n'est pas fondée sur le dommage résultant du retrait de ces autorisations; qu'ils soutiennent que l'indemnité, éventuellement allouée à leur auteur par le jury d'expropriation, leur est due à raison de la dépossession définitive du sous-sol de leur propriété, incorporée au domaine public. »

Expropriation d'utilité publique (*Droit comparé. — Hesse*).

Une loi du 26 juillet — 77 articles — a réglé la matière de l'expropriation pour cause d'utilité publique. L'expropriation ne peut avoir lieu que pour cause d'utilité publique et à la requête de l'État, des provinces, des cercles et des communes qui peuvent transférer leurs droits à un entrepreneur sous la condition qu'il s'engagera à indemniser les ayants-droit. A défaut d'accord entre l'expropriant et l'exproprié, il est statué par l'assemblée provinciale qui prononce la mise en possession et détermine l'indemnité, sauf recours à l'autorité judiciaire. L'entrepreneur, en cas de difficulté, peut consigner son prix (art. 57).

Fabriques (Jurisprudence).

L'ordonnance du 12 janvier 1825, article 5, porte que,

« *sur la demande des évêques* et l'avis du préfet, le ministre des cultes peut révoquer un conseil de fabrique pour défaut de présentation du budget et de reddition des comptes, lorsque ce conseil, requis de remplir ce devoir, aura négligé ou refusé de le faire, ou pour *toute autre cause grave*. Il sera, dans ce cas, pourvu à une nouvelle nomination de la manière prescrite par l'article 6 du décret du 30 décembre 1809. » La nomination du nouveau conseil est faite par l'évêque et par le préfet qui nomment des membres du conseil de fabrique en nombre qui varie suivant la population de la paroisse. » Il semble résulter de la rédaction que, pour l'évêque, l'ordonnance de 1825 exige l'initiative, tandis que, pour le préfet, elle ne demande que l'avis. Cette différence dans les termes correspond-elle à la distinction des choses? Le Conseil d'État décide que la révocation du conseil de fabrique peut être prononcée par le ministre, bien que l'évêque n'ait pas pris l'initiative et que, pour les évêques comme pour les préfets, l'avis seulement est exigé (Cons. d'Ét., arr. du 19 mars 1886, *Fabr. Joinville-le-Pont*).

Familles ayant régné sur la France.

La loi du 22 juin 1886 divise les membres de ces familles en deux catégories. D'après l'article 1ᵉʳ, le territoire de la République est et demeure interdit aux chefs de ces familles et à leurs héritiers directs par ordre de primogéniture. L'article 2 autorise le Gouvernement à interdire les territoires de la République aux autres membres de ces familles. L'interdiction est prononcée par décret rendu en conseil des ministres. Le Gouvernement a usé de cette faculté par un décret qui interdit au duc d'Aumale le territoire de la République.

Garde-champêtre (Jurisprudence).

Aux termes de l'article 102 de la loi du 5 avril 1884, le préfet a seul le droit de révoquer le garde-champêtre. Cependant, le traitement du garde-champêtre, d'après l'article 136, § 6, peut être supprimé, et la loi n'oblige pas les communes à maintenir cet emploi. Tant qu'il y a un garde-champêtre, son traitement est une dépense obligatoire; mais le conseil municipal a le pouvoir de supprimer l'emploi. Il faut, pour concilier ces dispositions, rechercher si la suppression de l'emploi n'est pas un moyen de dissimuler la révocation et d'empiéter sur les pouvoirs du préfet. Si elle a ce caractère, le préfet peut en prononcer la nullité (Cons. d'Ét., arr. du 22 janvier 1886, *commune de Saint-Martial*). V. avis de la section de l'intérieur du 30 juillet 1884.

Lorsque le conseil municipal a supprimé la fonction et le traitement du garde-champêtre, s'il l'a rétabli sous un autre nom, il y a révocation dissimulée du garde-champêtre. La délibération peut être annulée, car le droit de révoquer le garde-champêtre appartient au préfet et non au conseil municipal. Le préfet pourra donc, après avoir annulé la délibération qui contient cette usurpation, inscrire d'office le traitement du garde-champêtre au budget de la commune (Cons. d'Ét., arr. du 16 juillet 1886, *commune de Sousions*).

Instruction primaire (Législation).

La loi du 27 février 1880 avait organisé le conseil supérieur et le conseil académique ; les dispositions de la loi de 1850 sur l'enseignement supérieur et l'enseignement secondaire étaient remplacées par des lois nouvelles. L'enseignement primaire avait lui-même été retouché par des lois importantes, notamment par celle du 16 mars 1882 qui l'avait rendu obligatoire. Mais les autorités départementales étaient telles que la législation de 1850 les avait faites. D'un autre côté, le programme de l'enseignement obligatoire, laïque et gratuit, n'était pas réalisé, car le personnel pouvait encore, même dans l'enseignement public, être laïque ou congréganiste et la laïcité n'était pas obligatoire. La loi du 31 octobre 1886 a eu pour objets principaux d'exiger la laïcité pour le personnel des écoles publiques et, secondement, de modifier la composition du conseil départemental (articles 17, 35, 44 et suiv. de la loi du 31 octobre 1886). Nous allons reproduire ici le texte complet de cette loi qui a terminé la campagne entreprise dans ces dernières années pour la réalisation du programme *laïque, gratuit et obligatoire*. Ce texte complétera le supplément que nous avons placé à la fin du t. IV, ci-dessus.

TITRE PREMIER.

Dispositions générales.

CHAPITRE PREMIER.

DES ÉTABLISSEMENTS D'ENSEIGNEMENT PRIMAIRE.

Art. 1ᵉʳ. L'enseignement primaire est donné :

1° Dans les écoles maternelles et les classes enfantines ;

2° Dans les écoles primaires élémentaires ;

3° Dans les écoles primaires supérieures et dans les classes d'enseignement primaire supérieur annexées aux écoles élémentaires et dites « cours complémentaires ; »

4° Dans les écoles manuelles d'apprentissage, telles que les définit la loi du 11 décembre 1880.

Art. 2. Les établissements d'enseignement primaire de tout ordre peuvent être publics, c'est-à-dire fondés et entretenus par l'État, les départements ou les communes, ou privés, c'est-à-dire fondés et entretenus par des particuliers ou des associations.

Art. 3. Des règlements spéciaux, délibérés en conseil supérieur de l'instruction publique, détermineront les règles d'après lesquelles seront réparties, entre les diverses sortes d'écoles énumérées à l'article premier, les matières de l'enseignement primaire, telles que les a fixées la loi du 28 mars 1882, ainsi que les conditions d'admission et de sortie des élèves dans chacune de ces écoles.

Art. 4. Nul ne peut être directeur ou adjoint chargé de classe dans une école primaire publique ou privée, s'il n'est Français et s'il ne remplit, en outre, les conditions de capacité fixées par la loi du 16 juin 1881 et les conditions d'âge établies par la présente loi.

Toutefois, les étrangers remplissant les deux ordres de conditions précitées, et admis à jouir des droits civils en France, peuvent enseigner dans les écoles privées, moyennant une autorisation donnée par le Ministre, après avis du conseil départemental.

Les étrangers, munis seulement de titres de capacité étrangers, devront obtenir, au préalable, la déclaration d'équivalence de ces titres avec les brevets français.

Un règlement, délibéré en conseil supérieur de l'instruction publique, déterminera les conditions dans lesquelles cette équivalence pourra être prononcée.

Dans le cas particulier d'écoles exclusivement destinées à des enfants étrangers résidant en France, des dispenses de brevets de capacité pourront être accordées par le ministre de l'instruction publique, après avis du conseil supérieur, aux étrangers admis à jouir des droits civils en France, qui demanderaient à les diriger ou à y enseigner.

Art. 5. Sont incapables de tenir une école publique ou privée ou d'y être employés, ceux qui ont subi une condamnation judiciaire pour crime ou pour délit contraire à la probité ou aux mœurs, ceux qui ont été privés par jugement de tout ou partie des droits mentionnés en l'article 42 du Code pénal, et ceux qui ont été frappés d'interdiction absolue, en vertu des articles 32 et 41 de la présente loi.

Art. 6. L'enseignement est donné par des instituteurs dans les écoles de garçons, par des institutrices dans les écoles de filles, dans les écoles maternelles, dans les écoles ou classes enfantines et dans les écoles mixtes.

Dans les écoles de garçons, des femmes peuvent être admises à enseigner à titre d'adjointes, sous la condition d'être épouse, sœur ou parente en ligne directe du directeur de l'école.

Toutefois, le conseil départemental peut, à titre provisoire, et par une décision toujours révocable : 1° permettre à un instituteur de diriger une école mixte, à la condition qu'il lui soit adjoint une maîtresse de travaux de couture ; 2° autoriser des dérogations aux restrictions du second paragraphe du présent article.

Art. 7. Nul ne peut enseigner dans une école primaire de quelque degré que ce soit avant l'âge de dix-huit ans pour les instituteurs et dix-sept ans pour les institutrices.

Nul ne peut diriger une école avant l'âge de vingt et un ans.

Nul ne peut diriger une école primaire supérieure ou une école recevant des internes avant l'âge de vingt-cinq ans révolus.

Art. 8. Il peut être créé des classes primaires pour adultes ou pour apprentis ayant satisfait aux obligations des lois des 19 mai 1874 et 28 mars 1882.

Il ne peut être reçu dans ces classes d'élèves des deux sexes.

Un règlement ministériel déterminera les conditions d'établissement de ces classes et les conditions auxquelles ces cours publics et gratuits d'adultes ou d'apprentis pourront recevoir une subvention de l'État.

L'ouverture d'un cours privé pour les adultes et pour les apprentis ci-dessus désignés est soumise aux conditions exigées pour l'ouverture d'une école privée, sauf dispense de tout ou partie de ces conditions par le conseil départemental.

CHAPITRE II.

DE L'INSPECTION.

Art. 9. L'inspection des établissements d'instruction primaire publics ou privés est exercée :

1° Par les inspecteurs généraux de l'instruction publique ;

2° Par les recteurs et les inspecteurs d'Académie ;

3° Par les inspecteurs de l'enseignement primaire ;

4° Par les membres du conseil départemental désignés à cet effet, conformément à l'article 50 ;

Toutefois, les écoles privées ne pourront être inspectées par les instituteurs et institutrices publics qui font partie du conseil départemental ;

5° Par le maire et les délégués cantonaux ;

6° Dans les écoles maternelles, concurremment avec les autorités précitées, par les inspectrices générales et les inspectrices départementales des écoles maternelles ;

7° Au point de vue médical, par les médecins inspecteurs communaux ou départementaux.

L'inspection des écoles publiques s'exerce conformément aux règlements délibérés par le conseil supérieur.

Celle des écoles privées porte sur la moralité, l'hygiène, la salubrité et sur l'exécution des obligations imposées à ces écoles par la loi du 28 mars 1882. Elle ne peut porter sur l'enseignement que pour vérifier s'il n'est pas contraire à la morale, à la constitution et aux lois.

Toutes les classes de jeunes filles, dans les internats comme dans les externats primaires publics et privés, tenues soit par des institutrices laïques, soit par des associations religieuses cloîtrées ou non cloîtrées, sont soumises, quant à l'inspection et à la surveillance de l'enseignement, aux autorités instituées par la loi.

Dans tous les internats de jeunes filles tenus par des institutrices laïques ou par des associations religieuses cloîtrées ou non cloîtrées, l'inspection des locaux affectés aux pensionnaires et du régime intérieur du pensionnat est confiée à des dames déléguées par le ministre de l'instruction publique.

Art. 10. Nul ne peut être nommé inspecteur primaire, s'il n'est pourvu du certificat d'aptitude à l'inspection, obtenu dans les conditions déterminées par les règlements délibérés en conseil supérieur.

Des arrêtés ministériels détermineront le nombre et l'étendue des circonscriptions d'inspection primaire dans chaque département, ainsi que les attributions, le classement, les frais de tournées et l'avancement des inspecteurs primaires.

TITRE II.

De l'enseignement public.

CHAPITRE PREMIER.

DE L'ÉTABLISSEMENT DES ÉCOLES PUBLIQUES.

Art. 11. Toute commune doit être pourvue au moins d'une école primaire publique. Toutefois, le conseil départemental peut, sous réserve de l'approbation du ministre, autoriser une commune à se réunir à une ou plusieurs communes voisines, pour l'établissement et l'entretien d'une école.

Un ou plusieurs hameaux dépendant d'une commune peuvent être rattachés à l'école d'une commune voisine.

Cette mesure est prise par délibération des conseils municipaux des communes intéressées. En cas de divergence, elle peut être prescrite par décision du conseil départemental.

Lorsque la commune ou la réunion de communes compte 500 habitants et au-dessus, elle doit avoir au moins une école spéciale pour les filles, à moins d'être autorisée par le conseil départemental à remplacer cette école spéciale par une école mixte.

Art. 12. La circonscription des écoles de hameau créées par application de l'article 8 de la loi du 20 mars 1883 pourra s'étendre sur plusieurs communes.

Dans le cas du présent article comme dans le cas de l'article précédent, les communes intéressées contribuent aux frais de construction et d'entretien de ces écoles dans les proportions déterminées par les conseils municipaux, et, en cas de désaccord, par le préfet après avis du conseil départemental.

Art. 13. Le conseil départemental de l'instruction publique, après avoir pris l'avis des conseils municipaux, détermine, sous réserve de l'approbation du ministre, le nombre, la nature et le siège des écoles primaires publiques de tout degré qu'il y a lieu d'établir ou de maintenir dans chaque commune, ainsi que le nombre des maîtres qui y sont attachés.

Le conseil départemental pourra, après avis conforme du conseil municipal, autoriser un instituteur ou une institutrice à recevoir des élèves internes en nombre déterminé et dans des conditions déterminées.

Art. 14. L'établissement des écoles primaires élémentaires publiques créées par application des articles 11, 12 et 13 de la présente loi est une dépense obligatoire pour les communes.

Sont également des dépenses obligatoires dans toute école régulièrement créée :

Le logement de chacun des membres du personnel enseignant attaché à ces écoles;

L'entretien ou la location des bâtiments et de leurs dépendances;

L'acquisition et l'entretien du mobilier scolaire;

Le chauffage et l'éclairage des classes et la rémunération des gens de service, s'il y a lieu.

Art. 15. L'article 7 de la loi du 16 juin 1881 est modifié comme il suit :

Sont mises au nombre des écoles primaires publiques, donnant lieu à une dépense obligatoire pour la commune, à la condition qu'elles soient créées conformément aux prescriptions de l'article 13 de la présente loi :

1° Les écoles publiques de filles déjà établies dans les communes de plus de 400 âmes;

2° Les écoles maternelles publiques qui sont ou seront établies dans les communes de plus de 2,000 âmes et ayant au moins 1,200 âmes de population agglomérée;

3° Les classes enfantines publiques, comprenant des enfants des deux sexes et confiées à des institutrices.

CHAPITRE II.

DU PERSONNEL ENSEIGNANT. — DES CONDITIONS REQUISES.

Art. 16. L'enseignement dans les écoles publiques est donné conformément aux prescriptions de la loi du 28 mars 1882, et d'après un plan d'études délibéré en conseil supérieur.

Pour chaque département, le conseil départemental arrêtera l'organisation pédagogique des diverses catégories d'établissements par des règlements spéciaux conformes au plan d'études ci-dessus.

Art. 17. Dans les écoles publiques de tout ordre, l'enseignement est exclusivement confié à un personnel laïque.

Art. 18. Aucune nomination nouvelle, soit d'instituteur, soit d'institutrice, congréganistes, ne sera faite dans les départements où fonctionnera depuis quatre ans une école normale, soit d'instituteurs, soit d'institutrices, en conformité avec l'article premier de la loi du 9 août 1879.

Pour les écoles de garçons, la substitution du personnel

laïque au personnel congréganiste devra être complète dans le laps de cinq ans après la promulgation de la présente loi.

Art. 19. Toute action à raison des donations et legs faits aux communes antérieurement à la présente loi, à la charge d'établir des écoles ou salles d'asile dirigées par des congréganistes ou ayant un caractère confessionnel, sera déclarée non recevable, si elle n'est pas intentée dans les deux ans qui suivront le jour où l'arrêté de laïcisation ou de suppression de l'école aura été inséré au *Journal officiel*.

Art. 20. Nul ne peut être nommé dans une école publique à une fonction quelconque d'enseignement s'il n'est muni du titre de capacité correspondant à cette fonction, et tel qu'il est prévu soit par la loi, soit par les règlements universitaires.

Art. 21. Des décrets et arrêtés rendus en conseil supérieur détermineront les conditions d'obtention du brevet élémentaire et des divers titres de capacité exigibles dans les écoles publiques des différents degrés, savoir :

Le brevet supérieur ;

Le certificat d'aptitude pédagogique ;

Le certificat d'aptitude au professorat des écoles normales et des écoles primaires supérieures ;

Les diplômes spéciaux pour les enseignements accessoires : dessin, chant, gymnastique, travaux manuels, langues vivantes, etc.

Ainsi que le mode de nomination et de fonctionnement des commissions chargées d'examiner les candidats à ces divers brevets.

Art. 22. Les instituteurs et institutrices sont divisés en stagiaires et titulaires.

Art. 23. Nul ne peut être nommé instituteur titulaire s'il n'a fait un stage de deux ans au moins dans une école publique ou privée, s'il n'est pourvu du certificat d'aptitude pédagogique, et s'il n'a été porté sur la liste d'admissibilité aux fonctions d'instituteur dressé par le conseil départemental, conformément à l'article 27.

Le temps passé à l'école normale compte pour l'accomplissement du stage, aux élèves-maîtres à partir de **dix-huit** ans, aux élèves-maîtresses à partir de dix-sept.

Des dispenses de stage peuvent être accordées par le ministre, sur l'avis du conseil départemental.

Les titulaires chargés de la direction d'une école contenant plus de deux classes prennent le nom de directeur ou directrice d'école primaire élémentaire.

Art. 24. Les instituteurs et institutrices sont secondés, dans les écoles à plusieurs classes, par des adjoints en nombre déterminé par le conseil départemental.

Ces adjoints sont ou des stagiaires ou des titulaires.

Les instituteurs adjoints dans les écoles primaires supérieures devront avoir vingt et un ans et être munis du brevet supérieur. Ils prennent le titre de professeur s'ils sont pourvus du certificat d'aptitude au professorat des écoles normales.

Art. 25. Sont interdites aux instituteurs et institutrices publics de tout ordre les professions commerciales et industrielles et les fonctions administratives.

Sont également interdits les emplois rémunérés ou gratuits dans les services des cultes.

Toutefois, cette dernière interdiction n'aura d'effet qu'après la promulgation de la loi relative aux traitements des instituteurs.

Les instituteurs communaux pourront exercer les fonctions de secrétaire de mairie avec l'autorisation du conseil départemental.

CHAPITRE III.

NOMINATION DU PERSONNEL ENSEIGNANT. — PEINES DISCIPLINAIRES.
— RÉCOMPENSES.

Art. 26. Les instituteurs et institutrices stagiaires enseignent en vertu d'une délégation de l'inspecteur d'académie.

Cette délégation peut être retirée par l'inspecteur d'académie, sur l'avis motivé de l'inspecteur primaire.

Les stagiaires sont passibles des mêmes peines disciplinaires que les titulaires, sauf la révocation.

Ces peines leur sont applicables sous les conditions et garanties prévues par la présente loi.

Art. 27. Le conseil départemental, après avoir pris connaissance des demandes de tous les candidats qui se sont inscrits à l'inspection académique, dresse chaque année et complète, s'il y a lieu, au cours de l'année, une liste des instituteurs et institutrices admissibles aux fonctions de titulaire, soit pour être chargés d'une école, soit pour être chargés d'une classe, en qualité d'adjoint.

La nomination des instituteurs titulaires est faite par le préfet, sous l'autorité du ministre de l'instruction publique et sur la proposition de l'inspecteur d'académie.

Art. 28. Les directeurs, directrices et professeurs d'écoles primaires supérieures sont nommés par le ministre de l'instruction publique; ils doivent être munis du certificat d'aptitude au professorat des écoles normales.

Les instituteurs adjoints munis du brevet supérieur et les maîtres auxiliaires pour les enseignements accessoires sont nommés ou délégués dans ces établissements par le préfet sur la proposition de l'inspecteur d'académie.

Les directeurs et directrices d'écoles manuelles d'apprentissage sont nommés par le ministre de l'instruction publique dans les conditions prévues par la loi du 11 décembre 1880. Le mode de nomination, l'organisation de la surveillance, les garanties de capacité requises du personnel, ainsi que toutes les questions d'exécution intéressant concurremment le ministère de l'instruction publique et le ministère du commerce et de l'industrie, seront déterminées par un règlement d'administration publique.

Art. 29. Le changement de résidence d'une commune à une autre pour nécessités de service est prononcé par le préfet, sur la proposition de l'inspecteur d'académie.

Art. 30. Les peines disciplinaires applicables au personnel de l'enseignement primaire sont :

1° La réprimande;

2° La censure;

3° La révocation;

4° L'interdiction pour un temps dont la durée ne pourra excéder cinq années;

5° L'interdiction absolue.

Art. 31. La réprimande est prononcée par l'inspecteur d'académie.

La censure est prononcée par l'inspecteur d'académie, après avis motivé du conseil départemental. Elle peut être prononcée avec inscription au *Bulletin des actes administratifs*.

La révocation est prononcée par le préfet, sur la proposition de l'inspecteur d'académie, après avis motivé du conseil départemental. Dans le cas de la révocation, le fonctionnaire inculpé a le droit de comparaître devant le conseil et d'obtenir préalablement communication des pièces du dossier.

Le fonctionnaire révoqué peut, dans le délai de vingt jours, à partir de la signification de l'arrêté préfectoral, interjeter appel devant le ministre.

Le pourvoi n'est pas suspensif.

Les directeurs et directrices d'écoles primaires supérieures et d'écoles manuelles d'apprentissage, ainsi que les professeurs mentionnés dans l'article 24, sont déplacés ou révoqués par le ministre de l'instruction publique dans les formes déterminées par le troisième paragraphe du présent article.

Art. 32. L'interdiction à temps et l'interdiction absolue sont prononcées par jugement du conseil départemental.

Le fonctionnaire inculpé sera cité à comparaître en personne. Il pourra se faire assister par un défenseur et prendre communication du dossier.

La décision du conseil départemental sera motivée.

Le fonctionnaire interdit a le droit, dans le délai de vingt jours, à partir de la signification du jugement, d'interjeter appel devant le conseil supérieur de l'instruction publique.

Cet appel ne sera pas suspensif.

Un décret, rendu en la forme des règlements d'administration publique, déterminera les règles de la procédure pour l'instruction, le jugement et l'appel.

Art. 33. Dans les cas graves et urgents, l'inspecteur d'académie, s'il juge que l'intérêt d'une école exige cette mesure, a le droit de prononcer la suspension provisoire d'un instituteur pendant la durée de l'enquête disciplinaire, à la condition de saisir de l'affaire le conseil départemental dès sa prochaine session.

Cette suspension n'entraîne pas la privation de traitement.

Art. 34. Les fonctionnaires de l'enseignement primaire public pourront recevoir des récompenses consistant en mentions honorables, médailles de bronze et médailles d'argent.

Un arrêté ministériel déterminera les conditions dans lesquelles ces récompenses pourront être accordées.

Les instituteurs mis à la retraite peuvent être nommés instituteurs honoraires, d'après un règlement qui sera délibéré par le conseil supérieur de l'instruction publique.

TITRE III.

De l'enseignement privé.

Art. 35. Les directeurs et directrices d'écoles primaires privées sont entièrement libres dans le choix des méthodes, des programmes et des livres, réserve faite pour les livres qui auront été interdits par le conseil supérieur de l'instruction publique, en exécution de l'article 5 de la loi du 27 février 1880.

Art. 36. Aucune école privée ne peut prendre le titre d'école primaire supérieure, si le directeur ou la directrice n'est muni des brevets exigés pour les directeurs ou directrices des écoles primaires supérieures publiques.

Aucune école privée ne peut, sans l'autorisation du conseil départemental, recevoir d'enfants des deux sexes, s'il existe, au même lieu, une école publique ou privée spéciale aux filles.

Aucune école privée ne peut recevoir des enfants au-dessous de six ans s'il existe dans la commune une école maternelle publique ou une classe enfantine publique, à moins qu'elle-même ne possède une classe enfantine.

Art. 37. Tout instituteur qui veut ouvrir une école privée doit préalablement déclarer son intention au maire de la commune où il veut s'établir, et lui désigner le local.

Le maire remet immédiatement au postulant un récipissé de sa déclaration, et fait afficher celle-ci à la porte de la mairie pendant un mois.

Si le maire juge que le local n'est pas convenable, pour raisons tirées de l'intérêt des bonnes mœurs ou de l'hygiène, il forme, dans les huit jours, opposition à l'ouverture de l'école, et en informe le postulant.

Les mêmes déclarations doivent être faites en cas de changement du local de l'école, ou en cas d'admission d'élèves internes.

Art. 38. Le postulant adresse les mêmes déclarations au préfet, à l'inspecteur d'académie et au procureur de la République; il y joint, en outre, pour l'inspecteur d'académie, son acte de naissance, ses diplômes, l'extrait de son casier judiciaire, l'indication des lieux où il a résidé et des professions qu'il y a exercées pendant les dix années précédentes, le plan des locaux affectés à l'établissement et, s'il appartient à une association, une copie des statuts de cette association.

L'inspecteur d'académie, soit d'office, soit sur la plainte du procureur de la République, peut former opposition à l'ouverture d'une école privée, dans l'intérêt des bonnes mœurs et de l'hygiène.

Lorsqu'il s'agit d'un instituteur public révoqué, et voulant s'établir comme instituteur privé dans la commune où il exerçait, l'opposition peut être faite dans l'intérêt de l'ordre public.

A défaut d'opposition, l'école est ouverte à l'expiration du mois, sans autre formalité.

Art. 39. Les oppositions à l'ouverture d'une école privée sont jugées contradictoirement par le conseil départemental dans le délai d'un mois.

Appel peut être interjeté de la décision du conseil départemental, dans les dix jours à partir de la notification de cette décision. L'appel est reçu par l'inspecteur d'académie; il est soumis au conseil supérieur de l'instruction publique dans sa plus prochaine session et jugé contradictoirement dans le plus bref délai possible.

L'instituteur appelant peut se faire assister ou représenter par un conseil devant le conseil départemental et devant le conseil supérieur.

En aucun cas, l'ouverture ne pourra avoir lieu avant la décision d'appel.

Art. 40. Quiconque aura ouvert ou dirigé une école sans remplir les conditions prescrites par les articles 4, 6 et 8, ou sans avoir fait les déclarations exigées par les articles 37 et 38, ou avant l'expiration du délai spécifié à l'article 38, dernier paragraphe, ou enfin en contravention avec les prescriptions de l'article 36, sera poursuivi devant le tribunal correctionnel du lieu du délit et condamné à une amende de 100 à 1,000 francs.

L'école sera fermée.

En cas de récidive, le délinquant sera condamné à un emprisonnement de six jours à un mois, et à une amende de 500 à 2,000 francs.

Les mêmes peines seront prononcées contre celui qui, dans le cas d'opposition formée à l'ouverture de son école, l'aura ouverte avant qu'il ait été statué sur cette opposition, ou malgré la décision du conseil départemental qui aura accueilli l'opposition, ou avant la décision d'appel.

L'article 463 du Code pénal pourra être appliqué.

Art. 41. Tout instituteur privé pourra, sur la plainte de l'inspecteur d'Académie, être traduit pour cause de faute grave dans l'exercice de ses fonctions, d'inconduite ou d'immoralité, devant le conseil départemental, et être censuré ou interdit de l'exercice de sa profession, soit dans la commune où il exerce, soit dans le département, selon la gravité de la faute commise.

Il peut même être frappé d'interdiction à temps ou d'interdiction absolue par le conseil départemental, dans la même forme et suivant la même procédure que l'instituteur public.

L'instituteur frappé d'interdiction peut faire appel devant le conseil supérieur dans la même forme et selon la même procédure que l'instituteur public.

Cet appel ne sera pas suspensif.

Art. 42. Tout directeur d'école privée qui refusera de se soumettre à la surveillance et à l'inspection des autorités scolaires dans les conditions établies par la présente loi, sera traduit devant le tribunal correctionnel et condamné à une amende de 50 à 500 francs.

En cas de récidive, l'amende sera de 100 à 1,000 francs.

L'article 463 du Code pénal pourra être appliqué.

Si le refus a donné lieu à deux condamnations dans l'année, la fermeture de l'établissement sera ordonnée par le jugement qui prononcera la seconde condamnation.

Art. 43. Sont assujetties aux mêmes conditions relativement au programme, au personnel et aux inspections, les écoles ouvertes dans les hôpitaux, hospices, colonies agricoles, ouvroirs, orphelinats, maisons de pénitence, de refuge ou autres établissements analogues administrés par des particuliers.

Les administrateurs ou directeurs pourront être passibles des peines édictées par les articles 40 et 42 de la présente loi.

TITRE IV.

Des conseils de l'enseignement primaire.

CHAPITRE PREMIER.

DU CONSEIL DÉPARTEMENTAL.

Art. 44. Il est institué, dans chaque département, un conseil de l'enseignement primaire composé ainsi qu'il suit :

1° Le préfet, président;

2° L'inspecteur d'académie, vice-président;

3° Quatre conseillers généraux élus par leurs collègues;

4° Le directeur de l'école normale d'instituteurs et la directrice de l'école normale d'institutrices;

5° Deux instituteurs et deux institutrices élus respectivement par les instituteurs et institutrices publics titulaires du département, et éligibles soit parmi les directeurs et directrices d'écoles à plusieurs classes ou d'écoles annexes à l'école normale, soit parmi les instituteurs et institutrices en retraite;

6° Deux inspecteurs de l'enseignement primaire désignés par le ministre.

Aucun membre du conseil ne pourra se faire remplacer.

Pour les affaires contentieuses et disciplinaires, intéressant les membres de l'enseignement privé, deux membres de l'enseignement privé, l'un laïque, l'autre congréganiste, élus par leurs collègues respectifs, seront adjoints au conseil départemental.

Art. 45. Les membres élus du conseil départemental le sont pour trois ans. Ils sont rééligibles.

Les pouvoirs des conseillers généraux cessent avec leur qualité de conseillers généraux.

Art. 46. Dans le département de la Seine, le nombre des conseillers généraux sera de huit, celui des inspecteurs primaires sera de quatre, et celui des membres élus, moitié par les instituteurs, moitié par les institutrices, sera de quatorze, à raison de deux pour quatre arrondissements municipaux, et de deux pour chacun des arrondissements de Saint-Denis et de Sceaux.

Art. 47. Les fonctions des membres du conseil départemental sont gratuites. Cependant une indemnité de déplacement est accordée aux inspecteurs primaires et aux délégués des instituteurs et institutrices qui résident en dehors du chef-lieu du département.

Un règlement d'administration publique déterminera les formes de l'élection et la base de l'indemnité.

Art. 48. Le conseil départemental se réunit de droit au moins une fois par trimestre, le préfet pouvant toujours le convoquer selon les besoins du service.

En outre des attributions qui lui seront conférées par les dispositions de la présente loi, le conseil départemental :

Veille à l'application des programmes, des méthodes et des règlements édictés par le conseil supérieur, ainsi qu'à l'organisation de l'inspection médicale prévue par l'article 9 ;

Arrête les règlements relatifs au régime intérieur des établissements d'instruction primaire ;

Détermine les écoles publiques auxquelles, d'après le nombre des élèves, il doit être attaché un instituteur adjoint ;

Délibère sur les rapports et propositions de l'inspecteur d'académie, des délégués cantonaux et des commissions municipales scolaires ;

Donne son avis sur les réformes qu'il juge utile d'introduire dans l'enseignement, sur les secours et encouragements à accorder aux écoles primaires et sur les récompenses ;

Entend et discute tous les ans un rapport général de l'inspecteur d'académie sur l'état et les besoins des écoles publiques et sur l'état des écoles privées ; ce rapport et le procès-verbal de cette discussion sont adressés au ministre de l'instruction publique.

Art. 49. La présence de la moitié plus un des membres du conseil est nécessaire pour la validité de ses délibérations.

En cas de partage des voix, celle du président est prépondérante.

Les conseils départementaux peuvent appeler dans leur sein les membres de l'enseignement et toutes les autres personnes dont l'expérience leur paraîtrait devoir être utilement consultée.

Les personnes ainsi appelées n'ont pas voix délibérative.

Art. 50. Le conseil départemental peut déléguer au tiers de ses membres le droit d'entrer dans tous les établissements d'instruction primaire, publics ou privés, du département.

Ces délégués se conformeront aux règles tracées pour l'inspection par l'article 9.

Art. 51. Les directeurs et directrices d'écoles primaires supérieures publiques et les instituteurs et institutrices nommés membres du conseil départemental seront adjoints au corps électoral chargé (aux termes de l'art. 1er de la loi du 27 février 1880) d'élire les membres de l'enseignement primaire qui font partie du conseil supérieur de l'instruction publique.

Art. 52. Le conseil départemental désigne un ou plusieurs délégués résidant dans chaque canton pour surveiller les écoles publiques et privées du canton, il détermine les écoles particulièrement soumises à la surveillance de chacun d'eux.

Les délégués sont nommés pour trois ans. Ils sont rééligibles et toujours révocables. Chaque délégué correspond tant avec le conseil départemental auquel il doit adresser ses rapports qu'avec les autorités locales pour tout ce qui regarde l'état et les besoins de l'enseignement primaire dans sa circonscription.

Il peut, lorsqu'il n'est pas membre du conseil départemental, assister à ses séances avec voix consultative pour les affaires intéressant les écoles de sa circonscription.

Les délégués se réunissent, au moins une fois tous les trois mois, au chef-lieu de canton, sous la présidence de celui d'entre eux qu'ils désignent, pour convenir des avis à transmettre au conseil départemental.

Art. 53. A Paris, les délégués nommés pour chaque arrondissement par le conseil départemental, se réunissent, une fois au moins tous les mois, sous la présidence du maire ou d'un de ses adjoints par lui désigné.

CHAPITRE II.

DES COMMISSIONS SCOLAIRES.

Art. 54. La commission municipale scolaire, instituée par l'article 5 de la loi du 28 mars 1882, est composée du maire ou d'un adjoint délégué par lui, président; d'un des délégués du canton, et, dans les communes comprenant plusieurs cantons, d'autant de délégués qu'il y a de cantons, désignés par l'inspecteur d'académie, de membres désignés par le conseil municipal en nombre égal, au plus, au tiers des membres de ce conseil.

Dans le cas où le conseil municipal refuserait de procéder à la nomination de ces membres, le préfet les désignerait à son lieu et place.

Art. 55. A Paris et à Lyon, il y a une commission scolaire pour chaque arrondissement municipal; elle est présidée par le maire ou par un adjoint désigné par lui.

Elle est composée d'un des délégués cantonaux désignés par l'inspecteur d'académie, et des membres désignés par le conseil municipal au nombre de 3 à 7 par arrondissement.

Art. 56. Le mandat des membres de la commission scolaire, désignés par le conseil municipal, durera jusqu'à l'élection du nouveau conseil municipal.

Il sera toujours renouvelable.

L'inspecteur primaire fait partie de droit de toutes les commissions scolaires instituées dans son ressort.

Art. 57. Les inéligibilités et les incompatibilités établies par les articles 32, 33 et 34 de la loi du 5 avril 1884 sur l'organisation municipale sont applicables aux membres des commissions scolaires et des délégations cantonales.

Art. 58. La commission scolaire se réunit au moins une fois tous les trois mois, sur la convocation de son président ou, à son défaut, de l'inspecteur primaire. Ses délibérations ne sont valables que si la majorité des membres est présente.

Tout membre qui, sans motif reconnu légitime par la commission scolaire, aura manqué à trois séances consécutives, pourra, après avoir été admis à fournir ses explications devant le conseil départemental, être déclaré démissionnaire par ce conseil.

Il ne pourra être réélu pendant la durée des pouvoirs de la commission.

Dans le cas où, après deux convocations, la commission scolaire ne se trouverait pas en majorité, elle pourrait néanmoins délibérer valablement sur les affaires pour lesquelles elle a été spécialement convoquée, si le maire (ou l'adjoint qui le remplace), l'inspecteur primaire et le délégué cantonal sont présents.

Une expédition des délibérations de la commission scolaire devra être adressée, dans le délai de trois jours, par son président, à l'inspecteur primaire.

La commission scolaire ne peut, dans aucun cas, s'immiscer dans l'appréciation des matières et des méthodes d'enseignement.

Art. 59. L'inspecteur primaire, les parents ou les personnes responsables pourront faire appel des décisions des commissions scolaires.

Cet appel devra être formé, dans le délai de dix jours, par simple lettre adressée au préfet et aux personnes intéressées.

Il sera porté devant le conseil départemental statuant en dernier ressort.

Cet appel est suspensif.

Les pères, mères, tuteurs ou tutrices peuvent se faire assister ou représenter par des mandataires devant le conseil départemental.

Art. 60. Les séances des conseils départementaux et des commissions municipales scolaires ne sont pas publiques.

Art. 61. Sont abrogés les titres I et II de la loi du 15 mars 1850, la loi du 10 avril 1867 et toutes les dispositions contraires à la présente loi.

TITRE V.

Dispositions transitoires.

Art. 62. Les directrices d'écoles maternelles publiques seront assimilées aux institutrices publiques.

Il ne sera plus délivré de titre de capacité distinct pour les écoles maternelles. A dater du 1er janvier 1888, le titre requis pour enseigner dans toutes les écoles énumérées aux paragraphes 1 et 2 de l'article premier de la présente loi, sera le brevet élémentaire. Toutefois les personnes munies du certificat d'aptitude à la direction des salles d'asile, lors de la promulgation de la présente loi, continueront à jouir des droits que leur confère la loi du 16 juin 1881.

Art. 63. Tout directeur d'école privée actuellement existante devra, dans les trois mois qui suivront la promulgation de la présente loi, faire savoir à l'inspecteur d'Académie si son école doit être placée parmi les écoles maternelles, primaires ou primaires supérieures. Il lui adressera, en même temps, ses diplômes, son casier judiciaire, et lui indiquera s'il appartient à une association religieuse. Les mêmes pièces et indications sont exigées de ses instituteurs-adjoints.

Le bulletin du casier judiciaire sera délivré gratuitement à toute personne qui sera obligée de le produire en exécution du présent article.

Art. 64. Les conseils départementaux seront organisés dans les trois mois qui suivront la promulgation de la présente loi. Ne seront admis à prendre part aux élections que les instituteurs et institutrices publics titulaires en exercice et munis de brevet de capacité.

Art. 65. Les délégations cantonales seront intégralement renouvelées dans les deux mois qui suivront la constitution du conseil départemental.

Art. 66. Jusqu'au vote d'une nouvelle loi sur le recrutement militaire, l'engagement de se vouer pendant dix années à l'enseignement, prévu par les articles 79 de la loi du 15 mars 1850 et 20 de la loi du 27 juillet 1872, ne pourra être réalisé que dans les établissements d'enseignement public.

Néanmoins, les instituteurs privés qui auront contracté l'engagement décennal avant la promulgation de la présente loi, continueront à jouir de la dispense du service militaire, en se conformant aux prescriptions de l'article 20 de la loi du 27 juillet 1872.

Art. 67. Dans le cas où la laïcisation rendrait nécessaire l'acquisition ou la construction d'une maison d'école, il sera sursis à l'application du paragraphe premier de l'article 18 de la présente loi, jusqu'à ce qu'il ait été pourvu à l'établissement de l'école, en exécution des articles 8, 9 et 10 de la loi du 20 mars 1883 et de la loi du 20 juin 1885.

TITRE VI.

Dispositions spéciales à l'Algérie et aux colonies.

Art. 68. La présente loi, ainsi que la loi du 16 juin 1881 sur les titres de capacité, l'article premier de la loi du 16 juin 1881 sur la gratuité et la loi du 28 mars 1882, sont applicables à l'Algérie, à la Guadeloupe, à la Martinique et à la Réunion.

Des règlements d'administration publique détermineront toutefois les conditions de cette application et statueront sur les mesures transitoires auxquelles elle devra donner lieu.

En Algérie, les attributions conférées au préfet par les articles 27, 28, 29 et 31, sont maintenues au recteur de l'Académie d'Alger.

Les délais pour la laïcisation des écoles publiques seront fixés par simples décrets pour l'Algérie et les colonies ci-dessus désignées.

De simples décrets statueront également, pour ce qui concerne l'Algérie sur la création et l'organisation des écoles destinées à répandre l'instruction primaire française parmi les indigènes, et sur la faculté d'employer dans les diverses écoles des maîtres et maîtresses indigènes.

Loi électorale (*Droit comparé*).

Angleterre. — La loi du 6 décembre 1884 a profondément modifié le système de la représentation des électeurs en Angleterre. Elle a supprimé la distinction entre les conditions du suffrage dans les bourgs et les conditions du suffrage dans les comtés.

« Art. 2. Le droit de suffrage appartiendra, *d'une manière uniforme,* à toute personne habitant une maison entière (*householder*) ou un appartement (*lodger*), que la maison se trouve dans un comté ou dans un bourg, et tout individu (*houscholder* ou *lodger*) sera inscrit sur les listes électorales et sera électeur, si la maison ou le terrain qu'il occupe se trouve dans un comté d'Angleterre ou d'Écosse; il y jouira des mêmes privilèges lorsque la maison ou la terre qu'il occupe sera située dans un comté ou dans un bourg de l'Irlande.

« Art. 3. Lorsqu'un individu occupe un domicile en vertu d'une fonction ou d'un emploi et qu'il ne se trouve dans le même domicile aucune autre personne dont dépende l'individu en question, celui-ci sera réputé habiter le domicile comme locataire et la présente loi sera applicable. »

Le résultat de cette loi sera de porter le nombre des électeurs de 3 millions à 5 millions. Le nombre n'avait été augmenté que de 500,000 par les réformes de 1832, et d'environ 1 million par celles de 1867.

Nous avons, au n° 114 du t. II, indiqué les différences qui, d'après les lois de 1832 et de 1867, distinguaient l'électorat des comtés et celui des bourgs en Angleterre, en Écosse et en Irlande (V. spécialement p. 104). La loi du 6 décembre 1884 a eu pour objet d'établir des conditions uniformes dans les trois parties du Royaume-Uni et de supprimer la distinction entre l'électorat des bourgs et celui des comtés. Celui qui occupe une maison entière (*householder*), quelle que soit sa valeur, et le locataire (*lodger*) qui paie un loyer de 10 livres (250 fr.) sont électeurs. La loi confère aussi le droit de vote à ceux qui occupent une maison comme employés de l'ordre public ou privé, lorsque la maison n'est pas habitée par une des personnes dont ces employés dépendent. Comme ces employés ont alors un odmicile qui leur est propre, qu'ils sont chez eux et maîtres chez eux, ils sont admis à voter. Ainsi, la tendance de la loi est de prendre le domicile pour base de l'électorat, et le domicile est établi soit par l'occupation d'une maison entière à titre onéreux ou par l'effet d'un emploi, soit par un loyer d'une certaine importance, mais inférieur à celui qui, à Paris, est dispensé de l'impôt personnel-mobilier.

La nouvelle loi électorale a été discutée en même temps que la loi sur la répartition des sièges (*redistribution bill*), et elle n'a même pu être obtenue de la Chambre des lords qu'en donnant à la Chambre des garanties que la loi sur la répartition des sièges serait votée. C'est par un accord entre les *leaders* des deux partis — accord fidèlement tenu — qu'on a pu mener à bonne fin le vote des deux lois. D'après la nouvelle répartition, le pays de Galles continue à nommer 60 députés et l'Irlande 103. Mais l'Écosse en nomme 6 de plus et l'Angleterre 12, ce qui porte le total de 652 à 670. — Les bourgs n'ayant pas plus de 15,000 habitants sont fondus dans les comtés voisins. Ceux qui n'ont pas plus de 50,000 habitants n'ont qu'un représentant. Ceux qui ont entre 50,000 et 165,000 obtiendront un représentant de plus par 50,000. Les bourgs envoyant plus d'un député sont divisés en autant de collèges qu'ils ont de représentants à élire et procèdent par scrutin uninominal.

Portugal. — Le Portugal a réformé sa législation électorale par la loi du 21 mai 1884. Cette loi a fait application du système imaginé pour assurer la représentation des minorités. Dans la plupart des circonscriptions, le vote a lieu au scrutin uninominal, et c'est la majorité qui décide. Mais dans celles qui ont pour chefs-lieux les capitales des districts du continent et des îles adjacentes, le vote a lieu au scrutin de liste. Dans ce cas, les bulletins de vote pour les cercles de trois députés porteront deux noms au plus; ceux pour les circonscriptions de quatre députés, trois noms au plus; ceux pour les cercles de cinq députés, quatre noms au plus. Les noms en excès seront réputés non écrits dans l'ordre de leur inscription. — Toujours pour assurer la représentation des minorités, la loi déclare élus les six députés qui auront obtenu 5,000 voix au moins sur le continent et dans les îles adjacentes, et si le nombre dépasse six, les élus qui auront obtenu le plus de suffrages au-dessus de 5,000 voix.

« Art. 2. La préférence entre les élections des circonscriptions de classes différentes sera déterminée par les règles suivantes : 1° l'élection par une circonscription sera préférée à l'élection par votes accumulés; 2° l'élection par une circonscription plurinominale sera préférée à l'élection par une circonscription uninominale.

§ 1. — Le député élu dans plusieurs circonscriptions de même espèce représentera :

1° La circonscription de sa naissance;

2° Celle de sa résidence;

3° Celle où il aura obtenu le plus de voix;

4° Celle que désigne le sort.

§ 2. — Entre candidats qui auront obtenu le même nombre de voix, sera préféré :

1° Celui qui aura été le plus longtemps député;

2° Le plus âgé;

3° Celui que désignera le sort. »

La vérification des pouvoirs est faite par la Chambre. « Toutefois, dit l'article 11 de la loi, les opérations qui auront donné lieu à des protestations dans les assemblées primaires ou dans les commissions du dépouillement, seront jugées par un tribunal composé comme il est dit en l'article suivant, si la réquisition est faite par quinze députés élus ou dont les pouvoirs auront déjà été vérifiés. »

« Art. 12. Le tribunal de vérification des pouvoirs est composé : 1° du président du tribunal suprême de justice et de trois juges du même tribunal suprême, désignés par le sort; 2° de trois juges de la Cour d'appel de Lisbonne, aussi désignés par le sort. »

Les séances du tribunal de vérification sont publiques. Les débats sont oraux. « La nullité de l'élection est la conséquence des infractions à la loi et de l'inobservation des formalités qui affectent l'essence des opérations électorales et influent sur le résultat de l'élection. »

« Art. 41. La place de député est incompatible avec celle de directeur, d'administrateur, et, en général, de fonctionnaire rétribué d'une compagnie, société ou entreprise industrielle ou commerciale ayant l'administration des revenus de l'État ou recevant de lui un subside ou un avantage de quelque nature que ce soit, si ce subside ou avantage n'a été concédé par une loi générale, ou par une loi spéciale promulguée avant l'élection du député et adjugé aux enchères publiques. »

Norwège. — Une loi du 1ᵉʳ juillet 1884 a substitué le vote écrit au vote oral (loi du 4 juin 1828), et même le vote sous enveloppe marquée du sceau officiel et remise par le président à chaque électeur au moment où il se présente pour voter. « Les enveloppes dont il sera fait usage pour voter auront la même grandeur, forme et couleur, et non transparentes. »

La nouvelle rédaction de l'article 50 de la constitution établit en ces termes les conditions de l'électorat : « N'ont droit de vote que les citoyens Norwégiens âgés de 25 ans, y résidant: *a*) qui ont été ou sont fonctionnaires; *b*) ou qui, à la campagne, possèdent ou ont affermé, pour plus de cinq ans, une terre inscrite au cadastre ou qui la cultivent depuis cinq années consécutives; *c*) ou qui, dans le Finmark, ont été inscrits à la capitation depuis cinq ans et le sont encore; *d*) ou qui sont bourgeois, ou possèdent dans un bourg un domaine ou un fonds d'une valeur d'au moins 600 *kronensie* (840 fr.); *e*) ou qui ont, pour l'année précédente, payé à l'État ou à la commune des impôts directs sur une évaluation de revenu de 500 *kroner* (700 fr.) à la campagne, et de 800 *kroner* (1,120 fr.) dans une ville ou bourg, ont depuis un an un domicile fixe dans la commune au moment où a lieu l'élection, et n'appartiennent point au ménage d'autrui en qualité de serviteurs.

Marais communaux (Jurisprudence).

Lorsqu'un commandement a été fait à un particulier pour le paiement du produit de parts libres de marais communaux, l'opposition au commandement doit-elle être portée devant le conseil de préfecture? Il ne s'agit pas d'une taxe recouvrable comme en matière de contributions directes et la publication des rôles n'étant pas le point de départ du délai accordé pour le recours, c'est devant les tribunaux que l'opposition doit être portée (Cons. d'Ét., arr. du 21 mai 1886, *Baillon*).

Marine. — Mousses. — Engagement.

Un décret du 22 juillet 1886 dispose que les mousses sont appelés à prendre un engagement volontaire pour servir dans les équipages de la flotte jusqu'à la date de l'expiration légale du service dans l'armée active de la classe à laquelle ils appartiennent par leur âge. Le mousse entre dans le corps des équipages de la flotte comme apprenti-mousse; à l'expiration de son engagement, il entre dans la réserve de l'armée de mer. Tout mousse de la flotte qui ne contracte pas un engagement volontaire à l'âge où il est appelé à le faire, est immédiatement rendu à ses parents ou tuteurs, et le ministre de la marine est autorisé à poursuivre, contre qui de droit, le remboursement des frais occasionnés par le séjour du mousse à l'école et évalué à un franc vingt centimes (1 fr. 20) pour chacune des journées (art. 1, 2 du décret du 22 juillet 1886).

Ministres. — Juridiction (Jurisprudence).

Lorsqu'un maire a rendu un arrêté municipal et que cet arrêté a été déclaré illégal par l'autorité judiciaire, quelle est la juridiction compétente pour connaître des réclamations élevées, par la partie intéressée, contre le maire? Aucun texte de loi n'attribue cette connaissance à une juridiction déterminée. Le juge d'exception n'étant pas compétent, la question est de savoir quel est le juge ordinaire en matière de contentieux administratif. Si le ministre est compétent, suivant la doctrine qui a prévalu pendant longtemps, pour toutes les difficultés qui ne sont pas expressément attribuées à une autorité déterminée, le débat devrait être porté devant le ministre. Mais une décision récente du Conseil d'État n'a pas admis cette solution : « Considérant, dit-il, qu'aucune disposition de loi ne donne compétence au ministre de l'intérieur pour statuer sur une réclamation de cette nature » (Cons. d'Ét., arr. du 4 décembre 1886, aff. *Lefever Chesmer-Duchesne*). Dans le système de cet arrêt, c'est, en ce cas, le Conseil d'État qui serait juge du permier et du second degré. La doctrine de l'arrêt du 4 décembre 1886 a été critiqué par M. Léon Aucoc (*Revue critique,* janvier 1887, p. 62).

Ministère de l'intérieur (*Administration centrale*).

Un décret du 4 novembre 1886 a réorganisé les bureaux du ministère de l'intérieur. 1° Le cabinet du ministre avec deux bureaux, dont le premier s'occupe des affaires réservées au cabinet et des secours généraux; le second est chargé de la presse et de la lecture des journaux. Viennent ensuite cinq directions : 1° direction du personnel et du secrétariat; 2° direction de l'administration départementale et communale; 3° direction de l'assistance publique; 4° direction de l'administration pénitentiaire; 5° direction de la sûreté générale.

Le personnel total des bureaux du ministère se composera au maximum de 25 chefs de bureaux, 37 sous-chefs et 210 rédacteurs, expéditionnaires et stagiaires. — Les agents spéciaux sont au nombre de deux : un caissier et un chef du service intérieur. — La répartition entre les directions et dans les bureaux est faite par le ministre, après avoir pris l'avis des directeurs.

L'art. 4 fixe les traitements : Directeurs, 20,000 fr. — Chefs de bureaux, 1re classe, 10,000 fr. ; 2e classe, 9,000 fr.; 3e classe, 8,000 fr. ; 4e classe, 7,000 fr.— Sous-chefs, 1re classe, 6,000 fr. ; 2e classe, 5,400 fr.; 3° 4,800 fr. — Rédacteurs principaux, 1re classe, 4,000 fr. ; 2e classe, 3,600 fr. — Rédacteurs, 3,200 à 2,400 fr. — Expéditionnaires, 2,000 à 3,400 fr. par avancements successifs de 200 fr. — Stagiaires, 1,800 fr. — Agents spéciaux, de 5,500 fr. à 7,000 fr., par augmentation successive de 500 fr. — Huissiers, préposés et gardiens de bureau, de 1,300 fr. à 2,000 fr. gradués, par classe, de 100 fr.

Art. 5. Nul fonctionnaire ou employé de l'administration centrale ne peut être rétribué, en tout ou en partie, que sur le crédit porté au chapitre du personnel de l'administration centrale.

Ils sont tous nommés par arrêté du ministre, sauf les directeurs qui doivent être nommés par décret.

Le personnel des rédacteurs se recrute au moyen d'un concours. Les expéditionnaires ne peuvent, comme les étrangers à l'administration, être nommés rédacteurs qu'en se soumettant aux épreuves du concours.

Le ministre peut appeler, pour remplir les vacances, des fonctionnaires du service extérieur, jusqu'à concurrence du quart des emplois vacants.

Ministère des finances (*Administration centrale*).

Un décret du 19 novembre 1886 a modifié les décrets des 19 janvier et 23 avril 1885 sur l'organisation des bureaux du ministère des finances. Cette modification avait pour effet de supprimer 74 agents et de réaliser une économie de 175,000 fr. Ce changement est à peine fait que la Chambre des députés renvoie le budget pour établir l'équilibre par économie, et les ministres sont invités à rechercher les économies qui pourront encore être faites sans désorganiser les services.

Officiers de marine, hors cadre.

Un décret du 12 juin 1886 a réglé la position des officiers de marine autorisés, par le ministre, soit à commander des paquebots ou navires de commerce français, soit à seconder des entreprises industrielles se rattachant à la marine, ou à servir auprès d'un gouvernement étranger, ou enfin à occuper aux colonies des emplois autres que ceux du service de la marine. — Ces officiers sont mis hors cadre et perdent tout droit à l'avancement. Ceux qui ont été autorisés à commander des navires de commerce peuvent rester 13 ans dans cette position; les autres, six ans seulement. Si après 13 ou 6 ans, ils n'ont pas droit à une pension de retraite, ils sont tenus de rentrer dans le corps auquel ils appartiennent.

Patentes (Jurisprudence).

Le droit fixe doit être rehaussé de moitié pour les banquiers qui font des émissions de titres étrangers et paient les dividendes de ces titres pour le compte des puissances, villes et compagnies étrangères. Mais ce rehaussement ne s'applique pas aux agences de quartier ou de province, parce que le banquier ne représente les puissances étrangères qu'au siège social. Ainsi le Crédit Lyonnais ne doit pas le rehaussement du droit fixe pour les succursales de quartier ou de province. La même décision a été adoptée pour la Société générale. Les directeurs de ces agents ne doivent pas compter comme employés pour la fixation du droit variable; ils sont imposés comme étant à la tête *d'établissements distincts*. Il y a lieu de compter, au contraire, pour le calcul du droit variable et comme employés et garçons de recette, les garçons payeurs et ceux qui sont chargés de prendre des renseignements sur la solvabilité des clients (Cons. d'Ét., arr. du 15 janvier 1886, *Crédit Lyonnais*).

Pensions. — **Déchéance** (Jurisprudence).

Aux termes de l'article 6 de la loi du 17 avril 1833, les demandes de pension sont frappées de déchéance si elles sont formées plus de cinq ans après l'existence du droit. Cette disposition ne s'applique textuellement qu'aux pensions de l'armée de terre. Que faut-il décider relativement aux pensions de l'armée de mer? L'article 23 de la loi du 18 avril 1831 étend aux troupes de la marine la loi du 11 avril 1831. Mais une loi de 1831 n'a pas pu étendre à l'armée de mer une loi qui n'a été faite qu'en 1833. Le Conseil d'État décide cependant que l'assimilation doit être faite en vertu du *principe général* posé dans la loi de 1831, même pour les dispositions d'une date postérieure (Cons. d'Ét., arr. du 16 avril 1886, *dame Appavou*).

Pensions civiles (Jurisprudence).

La perte du droit à pension, prévue par l'article 27 de la loi du 9 juin 1853, pour cause de révocation, n'est encourue que si la révocation résulte manifestement des termes de la décision qui retire son emploi à un fonctionnaire. Il ne suffirait pas que le fonctionnaire eût été invité à remettre le service à son successeur. Cons. d'Ét., arr. du 27 novembre 1885, *Lacombe*. « Considérant, dit l'arrêt, que le ministre des finances s'est borné à nommer un autre titulaire aux fonctions de percepteur à Marolles-les-Bailly, occupées par le sieur Lacombe. »

La veuve a droit à une portion de la pension de retraite de son mari, pourvu que le mariage ait été contracté six ans avant le décès. Mais, en cas de concession de pension pour décès provenant des suites d'un accident de service, il n'est pas nécessaire qu'il eût été contracté antérieurement à l'accident de service qui a entraîné la mort (Cons. d'Ét., arr. du 11 décembre 1885, *dame veuve Allayrac*).

Pensions militaires (Jurisprudence).

La loi du 26 avril 1856 fixe à la moitié du maximum , de la pension accordée au mari, la pension de retraite de la veuve d'un officier *qui a péri à l'armée, dont la mort a été causée par des événements de guerre*. Ces événements de guerre ne sont pas nécessairement des faits militaires. Ils peuvent n'être que des accidents atmosphériques ou d'insalubrité, si l'officier a été exposé à leur action par les devoirs de son commandement. Ainsi la veuve d'un colonel décédé le jour même des suites d'une insolation, dont il a été frappé en conduisant, à l'assaut d'une redoute, les troupes placées sous son commandement, a droit à la moitié du maximum de la pension à laquelle son mari aurait eu droit (Cons. d'Ét., arr. du 14 mai 1886, *dame veuve Chapuis*).

Population.

La population qui, d'après le recensement quinquennal de 1881, s'élevait à 37,672,048 habitants, est, d'après le recensement de 1886, de 38,218,903. — Sur l'ensemble, l'augmentation est de 546,855. Mais il y a eu de grands déplacements. Plusieurs départements ont perdu de 7 à 8,000 habitants et d'autres ont gagné 20,000 — 30,000 — 40,000 — 60,000 — en ce non compris le département de la Seine, qui compte en 1886 jusqu'à 161,000 habitants de plus qu'en 1881. Ces mouvements de population sont indiqués dans le tableau ci-dessous, qui est le tableau officiel publié, à la suite des opérations du dernier recensement, dans le *Journal officiel* du 6 janvier 1887.

État comparatif de la population des départements en 1886 et 1881.

DÉPARTEMENTS.	POPULATION		AUGMENTATION.	DIMINUTION.
	en 1886.	en 1881.		
Ain	364.408	363.472	936	»
Aisne...........	555.925	556.891	»	966
Allier...........	424.582	416.759	7.823	»
Alpes (Basses-)...	129.494	131.918	»	2.424
Alpes (Hautes-)...	122.924	121.787	1.137	»
Alpes-Maritimes...	238.057	226.621	11.436	»
Ardèche	375.472	376.867	»	1.395
Ardennes	332.759	333.675	»	916
Ariège..........	237.619	240.601	»	2.982
Aube...........	257.374	255.326	2.048	»
Aude...........	332.080	327.942	4.138	»
Aveyron	415.826	415.075	751	»
Belfort (territ. de).	79.758	74.244	5.514	»
Bouches-du-Rhône	604.857	589.028	15.829	»
Calvados........	437.267	439.830	»	2.563
Cantal..........	241.742	236.190	5.552	»
Charente........	366.408	370.822	»	4.114
Charente-Infér....	462.803	466.416	»	3.613
Cher	355.349	351.405	3.944	»
Corrèze	326.494	317.066	9.428	»
Corse...........	278.501	272.639	5.862	»
Côte-d'Or	381.574	382.819	»	1.245
Côtes-du-Nord....	628.256	627.585	671	»
Creuse..........	284.942	278.782	6.160	»
Dordogne........	492.205	495.037	»	2.832
Doubs..........	310.963	310.827	136	»
Drôme..........	314.615	313.763	852	»
Eure	358.829	364.291	»	5.462
Eure-et-Loir......	283.719	280.097	3.622	»
Finistère........	707.820	681.564	26.256	»
Gard	417.099	415.629	1.470	»

DÉPARTEMENTS.	POPULATION		AUGMENTATION.	DIMINUTION.
	en 1886.	en 1881.		
Garonne (Haute-).	481.169	478.009	3.160	»
Gers	274.391	281.532	»	7.141
Gironde	775.845	748.703	27.142	»
Hérault	439.044	441.527	»	2.484
Ille-et-Vilaine	621.384	615.480	5.904	»
Indre	296.147	287.705	8.442	»
Indre-et-Loire	340.921	329.160	11.761	»
Isère	584.680	580.271	4.409	»
Jura	281.292	285.263	»	3.971
Landes	302.266	301.143	1.123	»
Loir-et-Cher	279.214	275.713	3.501	»
Loire	603.384	599.836	3.548	»
Loire (Haute-)	320.063	316.461	3.602	»
Loire-Inférieure	643.884	625.625	18.259	»
Loiret	374875.	368.526	6.349	»
Lot	271.514	280.269	»	8.755
Lot-et-Garonne	307.437	312.084	»	4.644
Lozère	141.264	143.565	»	2.301
Maine-et-Loire	527.680	523.491	4.189	»
Manche	520.865	526.377	»	5.512
Marne	429.494	421.800	7.694	»
Marne (Haute-)	247.781	254.876	»	7.095
Mayenne	340.063	344.881	»	4.881
Meurthè-Moselle	431.693	419.317	12.376	»
Meuse	291.971	289.861	2.110	»
Morbihan	535.256	521.614	13.642	»
Nièvre	347.645	347.576	69	»
Nord	1.670.184	1.603.259	66.925	»
Oise	403.146	404.555	»	1.409
Orne	367.248	376.126	»	8.878
Pas-de-Calais	853.526	819.022	34.504	»
Puy-de-Dôme	570.964	566.064	4.900	»
Pyrénées (Basses-)	432.999	434.366	»	1.367
Pyrénées (Hautes-)	234.825	236.474	»	1.649
Pyrénées-Oriental.	211.187	208.855	2.332	»

DÉPARTEMENTS.	POPULATION		AUGMENTATION.	DIMINUTION.
	en 1886.	en 1881.		
Rhône............	772.912	741.470	31.442	»
Saône (Haute-)....	290.954	295.905	»	4.951
Saône-et-Loire....	625.885	625.589	296	»
Sarthe..........	436.111	438.917	»	2.806
Savoie..........	267.428	266.438	990	»
Savoie (Haute-)...	275.018	274.087	931	»
Seine...........	2.961.089	2.799.329	161.760	»
Seine-Inférieure...	833.386	814.068	19.318	»
Seine-et-Marne....	355.136	348.991	6.145	»
Seine-et-Oise.....	618.089	577.798	40.291	»
Sèvres (Deux-)....	353.766	350.103	3.663	»
Somme..........	548.982	550.837	»	1.855
Tarn............	358.757	359.223	»	466
Tarn-et-Garonne..	214.046	217.056	»	3.010
Var............	283.689	288.577	»	4.888
Vaucluse........	241.787	244.149	»	2.362
Vendée..........	434.808	421.642	13.166	»
Vienne..........	342.785	340.295	2.490	»
Vienne (Haute-)...	363.182	349.332	13.850	»
Vosges..........	413.707	406.862	6.485	»
Yonne..........	355.364	357.029	»	1.665
TOTAL.....	38.218.903	37.672.048	657.693	110.838
AUGMENTATION..........			546.855	

Poudres.

Un décret du 21 mai 1886 a réglé la vente des poudres destinées à l'exportation et fixé le prix auquel elles seront vendues. L'administration des contributions indirectes fournira exclusivement aux armateurs et négociants les poudres de toute espèce qui pourront être demandées par eux, soit pour l'armement et le commerce maritime, soit pour l'exportation par voie de terre. — L'exportation par voie de terre ne pourra avoir lieu pour les poudres dites de commerce extérieur. — L'exportation des poudres de guerre pourra être suspendue par un arrêté du ministre de la guerre.

Prix réduits à l'exportation (par kilogramme).

		Prix réduit.
Poudre de mine ronde ou anguleuse, ordinaire.	2^f,25 —	0^f,80
— — — forte. . .	2^f,60 —	0^f,85
Poudre de mine, fin grain, ordinaire.	1^f,40 —	1^f,20
— — — forte. . .	1^f,60 —	1^f,25
Poudre de guerre (ancienne fabrication).	3^f,40 —	1^f,25
Poudre de guerre (nouveaux types), ⎰ noire. .	3^f,40 —	1^f,75
à canon. . . . . ⎱ brune. .	3^f,40 —	2^f »
Poudre de guerre (nouveaux types), à fusil. . .	3^f,40 —	2^f »
Poudre de chasse ordinaire (fine).	11^f,85 —	2^f »
— — forte (superfine).	15^f » —	2^f,25
— — spéciale (extra-fine)	19^f,35 —	2^f,50

Si la poudre, au lieu d'être en boîtes, était livrée dans des barils, la réduction serait plus forte. Elle descendrait à 1 fr. 40 pour la poudre ordinaire, à 1 fr. 65 pour la poudre forte, et à 1 fr. 90 pour la poudre spéciale.

Poudres pyroxylées, livrées en boîtes. . . . . 28^f » — 15^f »

Postes et télégraphes (Administration centrale).
Un décret du 20 mars 1886 a supprimé la direction du service central et la direction du personnel.

Le 1er et le 2° bureau de la direction du service central, constituant le service central proprement dit, sont réunis et rattachés à la direction du matériel et de la construction. — Le service du contentieux, les services des travaux législatifs, de la bibliothèque, de la statistique, des publications et de l'autographie, ainsi que le service intérieur du ministère, constituent un premier bureau, rattaché au cabinet du ministre. — Les services constituant la direction du personnel, forment un deuxième bureau, également rattaché au cabinet.

Presbytère (Jurisprudence).
Les curés et desservants ont, sur les presbytères, dont la

propriété appartient à la commune, un droit de jouissance *sui generis* (Loi du 18 germinal an X, et décr. du 6 novembre 1813). Cette jouissance est régie par le droit civil et c'est devant l'autorité judiciaire que doivent être portées toutes les contestations et spécialement les revendications relatives à ces immeubles.. L'autorité administrative est incompétente pour en connaître (Cons. d'Ét., arr. du 13 mars 1886, *Abbé Gléna*).

Par délibération du 6 avril 1866, approuvée le 19 avril suivant par arrêté préfectoral, le conseil municipal de la ville de Paris avait décidé qu'il y avait lieu d'exécuter le plan approuvé par l'administration, en vue de construire le presbytère de la paroisse de Saint-Bernard-la-Chapelle, et d'accepter l'offre faite par la fabrique de concourir à la dépense pour une somme de 50,000 fr., payable en 20 annuités, à partir de l'entrée en jouissance du presbytère. Cette délibération liait-elle la ville de Paris ou pouvait-elle abandonner le projet de reconstruction? Le Conseil d'État a décidé que le contrat intervenu entre la ville et la fabrique n'a pas eu d'autre objet que d'accepter l'offre faite par la fabrique de concourir à la dépense dans le cas où les travaux seraient complètement exécutés, mais que la fabrique n'avait ni le droit de contraindre la ville à faire les travaux, ni celui de demander une indemnité pour inexécution de la condition (Cons. d'Ét., arr. du 27 novembre 1885, fabrique de *Saint-Bernard-la-Chapelle* c. *Ville de Paris*).

Prestations (Jurisprudence).

Quand le rôle est publié avant le 1er janvier, le point de départ du délai pour réclamer commence-t-il à courir immédiatement, ou faut-il attendre le 1er janvier? Le Conseil d'État décide, qu'en ce cas, les délais courent du 1er janvier et non de la publication (Cons. d'Ét., arr. du 21 mars 1886, *Jourdain*).

Production viticole.

La question de l'impôt sur les boissons a été remise à l'ordre du jour par les projets du budget, et d'ailleurs elle est constamment posée, même en temps normal. C'est parce qu'elle sera discutée dans le courant de l'année que nous reproduisons ici les chiffres de la production viticole en 1886 en remontant jusqu'à 1875.

Récoltes des vins.

NOMS des DÉPARTEMENTS.	HECTARES plantés EN VIGNES en 1886.	HECTOLITRES	
		1885.	1886.
Ain......................	17.630	468.621	321.850
Aisne	3.362	78.605	55.194
Allier....................	13.903	389.343	184.051
Alpes (Basses-)..........	16.206	62.275	56.043
Alpes (Hautes-)..........	5.278	45.174	83.097
Alpes-Maritimes..........	13.041	60.945	63.871
Ardèche..................	18.412	104.264	106.224
Ardennes.................	744	6.273	15.555
Ariège...................	17.141	30.874	42.454
Aube.....................	17.362	454.018	264.167
Aude	91.990	2.096.043	2.372.910
Aveyron	19.900	260.714	210.649
Bouches-du-Rhône.......	16.732	145.210	286.386
Cantal...................	419	9.830	7.476
Charente.................	23.457	112.690	75.412
Charente-Inférieure.......	51.604	609.152	698.802
Cher.....................	14.731	297.719	189.094
Corrèze	16.450	123.089	108.400
Côte-d'Or...............	33.786	1.102.082	629.373
Creuse...................	14	146	117
Dordogne................	59.953	167.696	125.155
Doubs...................	7.263	152.000	87.156
Drôme...................	13.973	95.751	118.234
Eure.....................	415	11.075	9.134
Eure-et-Loir.............	1.316	20.990	15.780
Gard....................	28.822	456.190	749.383
Garonne (Haute-).........	68.777	575.968	755.298
Gers....................	133.597	443.581	733.865
Gironde.................	141.897	1.076.056	1.408.685
Hérault	103.903	2.148.430	2.995.126
Ille-et-Vilaine...........	35	615	945
Indre....................	24.736	279.072	169.526

NOMS des DÉPARTEMENTS.	HECTARES plantés EN VIGNES en 1886.	HECTOLITRES	
		en 1885.	en 1886.
Indre-et-Loire...........	54.125	1.003.244	509.289
Isère..................	30.438	510.021	409.287
Jura....................	19.408	247.243	118.858
Landes.................	20.594	52.129	56.660
Loir-et-Cher............	44.520	1.218.403	786.876
Loire..................	14.402	331.634	255.876
Loire (Haute-)...........	7.589	222.004	114.088
Loire-Inférieure.........	31.000	527.000	713.000
Loiret.................	30.544	868.217	534.189
Lot....................	44.371	145.769	112.222
Lot-et-Garonne.........	65.525	313.022	323.753
Lozère.................	1.000	12.695	10.746
Maine-et-Loire..........	41.119	896.103	467.131
Marne..................	14.299	372.685	296.609
Marne (Haute-)..........	19.995	256.008	165.309
Mayenne...............	370	3.542	3.296
Meurthe-et-Moselle.......	16.024	476.981	217.802
Meuse.................	10.162	233.136	131.581
Morbihan..............	1.008	34.669	35.427
Nièvre.................	11.490	369.696	245.135
Oise..................	324	3.251	5.179
Puy-de-Dôme...........	33.311	1.630.665	1.126.842
Pyrénées (Basses-).......	20.859	42.219	55.291
Pyrénées (Hautes-).......	16.382	40.918	73.446
Pyrénées-Orientales......	50.214	806.307	1.175.209
Rhône.................	29.299	468.880	282.712
Saône (Haute-)..........	11.390	187.865	109.697
Saône-et-Loire...........	38.708	843.763	584.272
Sarthe.................	8.889	182.956	50.738
Savoie.................	12.830	297.474	258.279
Savoie (Haute-)..........	7.872	207.469	221.909
Seine..................	734	23.573	9.159
Seine-et-Marne..........	7.990	194.187	138.664
Seine-et-Oise...........	6.608	178.316	129.656
Sèvres (Deux-)...........	12.832	128.474	72.875

NOMS des DÉPARTEMENTS.	HECTARES plantés EN VIGNES en 1886.	HECTOLITRES	
		1885.	1886.
Tarn	50.257	394.482	337.958
Tarn-et-Garonne.........	42.642	290.722	305.028
Var.....................	46.374	229.374	260.859
Vaucluse	42.363	165.897	180.699
Vendée.................	19.267	374.603	451.057
Vienne.................	38.010	705.560	433.935
Vienne (Haute-).........	1.363	15.350	9.937
Vosges.................	5.076	131.776	83.733
Yonne..................	37.983	984.314	700.798
TOTAL.......	1.959.102	28.536.151	25.063.34

Contre en 1875................. 83.632.391 hectolitres.
—   1876................. 41.846.748   —
—   1877................. 56.405.363   —
—   1878................. 48.720.553   —
—   1879................. 25.769.552   —
—   1880................. 28.677.472   —
—   1881................. 34.138.715   —
—   1882................. 30.886.352   —
—   1883................. 36.029.182   —
—   1884................. 34.780.726   —

La production de l'Algérie a été cette année de :

	Hectares.	Hectolitres.
Prov. d'Alger.................	24.422	624.347
— de Constantine.........	19.130	385.556
— d'Oran	26.114	559.384
TOTAL..........	69.666	1.569.284

Du 1er janvier au 30 novembre 1886, l'Algérie a expédié en France près de 400,000 hectolitres de vin.

En présence de l'insuffisance de la récolte, on a dû recourir plus largement que par le passé aux vins étrangers. Pendant les onze premiers mois, le chiffre des importations s'est élevé de 6,831,000 hectolitres (résultat de 1885) à 9,438,000 hectolitres, soit une augmentation de 2,607,000 hectolitres. Dans ce chiffre de 9,438,000 hectolitres, les vins d'Espagne figurent pour 5,187,000 hectolitres et les vins d'Italie pour 1,697,000.

Un autre appoint important a été également apporté par la fabrication des vins obtenus par addition d'eau sucrée sur les marcs et les raisins secs. L'ensemble de cette fabrication s'est élevé en 1886 à 5,500,000 hectolitres, savoir : vins de marcs, 2,688,000 hectolitres ; vins de raisins secs, 2,812,000 hectolitres, ce qui représente une augmentation de 1,533,000 hectolitres sur les résultats de l'année dernière.

Protectorat.

« Les pays placés sous le protectorat de la France sont distraits du ministère de la marine et des colonies et rattachés au ministère des affaires étrangères » (Décr. du 7 janvier 1886).

Réforme (Jurisprudence).

La mise à la réforme d'un officier ne peut être prononcée par décret qu'après avis d'un conseil d'enquête. Ce conseil d'enquête est formé par le général commandant la division ou par le général commandant le corps d'armée (Loi du 19 mai 1834 et décr. du 29 juin 1878). La désignation des membres du conseil d'enquête ne serait donc pas faite régulièrement par le général inspecteur : « Considérant que, si le ministre de la guerre a rendu permanentes les attributions conférées aux inspecteurs généraux des régiments formant les brigades de cavalerie, cette décision n'a pu avoir pour but ni pour effet de modifier les prescriptions du décret du 29 juin 1878 » (Cons. d'Ét., arr. du 16 juillet 1886, *Lamarque*).

Séparation des pouvoirs (Jurisprudence).

Le décret du 19 septembre 1870, en abrogeant l'article 75 de la constitution de l'an VIII, n'a pas supprimé la séparation des pouvoirs judiciaire et administratif. Ce principe qui était à observer, avant le décret, l'est à plus forte raison après l'abrogation de l'article 75. Quelque absolus que soient les termes employés par le décret du 19 septembre 1870, il n'a supprimé que la garantie personnelle des fonctionnaires pour les faits se rattachant à l'exercice des fonctions, mais ne constituant pas la fonction même (Cons. d'Ét., arr. du 13 mars 1886, *Mathieu* et *Dazin* c. *Lanselle*).

Sucres.

La loi du 13 juillet 1886 a prorogé, jusqu'au 31 août 1888, la surtaxe de 7 fr. sur les sucres bruts non assimilés aux sucres raffinés importés des pays d'Europe ou des entrepôts d'Europe, qui expirait le 31 août 1886.

Les sucres bruts exportés, des colonies françaises, à destination de la métropole, auront droit à un déchet de fabrication égal à la moyenne des excédents de rendement obtenu par la sucrerie indigène pendant les dernières campagnes de la fabrication. — Pour la campagne 1886-1887, le déchet de fabrication de 12 0/0, alloué aux colonies françaises par la loi du 29 juillet 1884, sera porté à 24 0/0.

Que faut-il entendre par campagne? C'est la période de fabrication comprise, chaque année, entre le 1er septembre et le 31 août (art. 2 de la loi du 13 juillet 1886).

Syndicats (Jurisprudence).

La partie intéressée peut seule demander le remboursement des taxes syndicales auxquelles elle a été imposée. L'ingénieur administrateur d'un canal d'irrigation est sans qualité pour le demander, et c'est à tort que le conseil de préfecture en ordonnerait le remboursement sur l'initiative de cet ingénieur administrateur. — Le ministre de l'agriculture et du commerce a qualité pour déférer au Conseil d'État l'arrêté du conseil de préfecture et faire rétablir les rôles (Cons. d'Ét., arr. du 6 août 1886, *Sentupery*).

Téléphones (Jurisprudence).

La loi du 28 juillet 1885 donne à l'État le droit d'établir des supports de fils télégraphiques sur les murs de façade et sur les toits ou terrasses auxquels on peut accéder extérieurement. Cette servitude légale ne fait pas obstacle à ce que le propriétaire démolisse ou surélève son mur. Il est seulement obligé de faire connaître son intention un mois à l'avance pour que

l'administration ait le temps de prendre ses mesures. Avant
cette loi, les propriétés privées n'étaient sujettes à aucune servitude semblable, et c'était sans droit que les préfets les y
avaient soumises. Les arrêtés pris à ce sujet n'étaient donc pas
des actes administratifs rentrant dans le cercle des attributions
préfectorales. Aussi l'autorité administrative n'était-elle pas
compétente pour connaître des actions auxquelles ces arrêtés
pouvaient donner lieu, et c'est devant l'autorité judiciaire
qu'elles devaient être portées (Trib. Confl., jug. du 8 mai 1886,
Senlis-Botte c. *l'Administration des postes et télégraphes*).

Torpilles.

Un décret du 13 janvier 1886 a sanctionné la création d'une
direction générale des torpilles. « Cette création entraîne comme
conséquence la concentration, dans chaque port et sous une autorité unique, de tous les éléments se rapportant à la défense
de notre littoral au moyen des défenses sous-marines et des
torpilleurs » (*Rapport au président de la République, du 6
mars 1886.*) Un décret du 6 mars 1886, après avoir déterminé
les attributions de la direction générale des torpilleurs, a créé,
dans les ports de Cherbourg, Brest et Toulon, une direction
des défenses sous-marines. « Cette direction, dit l'article 6,
§ 2, a son autonomie complète et fonctionne sous la haute autorité du préfet maritime avec son personnel, ses magasins et ses
ateliers spéciaux. »

Travaux publics. — Expertise (Jurisprudence).

L'ingénieur en chef qui, aux termes de l'article 56 de la loi
du 16 septembre 1807, est tiers-expert de droit entre l'État
et les propriétaires, doit-il prêter un serment spécial comme
tiers-expert, ou le serment qu'il a prêté comme fonctionnaire
s'étend-il à la qualité de tiers-expert qui est inhérente à ses
fonctions? — Dans la pratique, le tiers-expert prête un serment spécial. « En cas de désaccord, dit l'arrêt du 16 avril
1886 (*Leboucher*), il sera procédé à une tierce-expertise qui
sera conférée à l'ingénieur en chef des ponts et chaussées du
département de la Seine-Inférieure; les experts et, s'il y a lieu,
les tiers-experts prêteront serment entre les mains du préfet du
département. » Dans l'espèce de cet arrêt, il ne s'agissait pas

de travaux publics, et l'ingénieur en chef n'était pas tiers-expert de droit. Il était nommé par le Conseil d'État et ne devait pas procéder en vertu de sa fonction. Nous avons vu (t. VII, p. 468, n. 446) que, s'il procède comme tiers-expert de droit, l'ingénieur en chef prête serment, mais qu'il n'y est pas tenu à peine de nullité.

Tierce-expertise. — L'ingénieur en chef qui est tiers-expert de droit, d'après l'article 56 de la loi du 16 septembre 1807, pour l'appréciation des dommages causés par l'exécution des travaux publics, ne peut pas déléguer ses pouvoirs à l'ingénieur ordinaire. L'expertise étant irrégulière, il y a lieu de renvoyer les parties devant le conseil de préfecture. Cons. d'Ét., arr. du 4 décembre 1885, *Pignot* c. *Prudent Clément.*

La partie qui a assisté à l'expertise sans en contester la régularité n'est pas recevable à proposer, pour la première fois en appel, un moyen tiré de ce que le conseil de préfecture aurait nommé lui-même le tiers-expert (Cons. d'Ét., arr. du 16 avril 1886, *commune de Saint-Amand-Montrond* c. *Carreau*).

Compétence. — La convention par laquelle un propriétaire s'est engagé à reconstruire et entretenir un pont dépendant d'un chemin public est un engagement relatif à l'exécution d'un travail public. Les contestations qui s'élèvent relativement à l'exécution de cette convention sont de la compétence du conseil de préfecture (art. 4 de la loi du 28 pluviôse an VIII). (14 décembre 1883, *houillère d'Ahun,* et 8 août 1885, *Fontaine* c. *commune de Lourps*).

La juridiction administrative est aussi compétente pour statuer sur les difficultés qui s'élèvent relativement à l'interprétation d'un contrat résultant d'une offre faite, par un particulier, à une commune, de lui céder gratuitement le terrain nécessaire à l'établissement de rues nouvelles. Il s'agit, en effet, d'une offre de concours pour l'exécution d'un travail public (Cons. d'Ét., arr. du 27 novembre 1885, *Julien* c. *ville de Marseille*).

Une commune pourrait-elle porter, devant le conseil de préfecture, une demande d'indemnité contre un particulier pour entraves à l'exécution de travaux publics? Non, l'article 4 de la loi du 28 pluviôse an VIII, n'attribue, au conseil de préfecture, compétence que pour les demandes des particuliers contre l'administration (Cons. d'Ét., arr. du 16 avril 1886, *Daniel*).

Le propriétaire qui a souscrit pour concourir à un travail public, sous la condition que son engagement serait conditionnel jusqu'à la signature du décret de concession, peut-il, après la signature de ce décret, prétendre qu'il est dégagé de son obligation parce que le décret aurait prorogé d'un an le délai d'exécution des travaux et mis à la charge des souscripteurs les frais d'enregistrement qui devaient être primitivement supportés par les concessionnaires. Le Conseil d'État a pensé que ces changements n'étaient pas de nature à altérer les conditions de l'engagement et à entraîner la résolution de la soumission.

Le conseil de préfecture n'est pas compétent seulement pour les réclamations relatives aux dommages causés aux propriétés par les travaux publics; il connaît aussi des actions pour tort fait aux personnes. Ainsi l'action en indemnité, pour fracture faite sur le trottoir d'une rue et attribuée au mauvais entretien de ce trottoir, ne doit pas être portée devant l'autorité judiciaire mais devant le conseil de préfecture (Confl., jug. du 7 mars 1874, *Desmoles;* 31 juillet 1875, *Pradines;* 17 janvier 1880, *Bruno;* 13 mars 1880, *Bouhellier*. — Cons. d'Ét., arr. du 17 avril 1886, *Corrolle c. ville de Paris*).

L'article 4 de la loi du 28 pluviôse an VIII n'énumère pas, parmi les contestations attribuées au conseil de préfecture, les contestations entre les communes et leurs ouvriers. C'est donc à l'autorité judiciaire qu'il appartient de statuer sur les actions en responsabilité solidaire intentées, contre la commune et le maire, par des ouvriers chargés d'extraire du gravier dans une gravière communale, les actions étant fondées sur le défaut de mesures de précaution et de surveillance que le maire aurait négligé de prendre (*Trib. des confl.*, jugement du 5 juin 1886, *Pichet et Blanc*. Concl. contraires de M. Gomel). « Il s'agirait dans la cause, disait le commissaire du gouvernement, non pas de rechercher jusqu'à quel point la commune a rempli ou méconnu ses obligations envers les ouvriers terrassiers dont elle avait engagé les services, mais de savoir si le travail auquel ils étaient employés avait été bien conçu et bien dirigé. C'est donc au travail public lui-même, c'est à son exécution prétendue défectueuse que les dames Pichet et Blanc imputeraient l'accident. »

Le conseil de préfecture peut, en matière de travaux publics, prescrire des mesures de constat dont il aurait reconnu l'urgence. Compétent pour statuer sur le fond, il peut aussi, en vue des réclamations dont il pourrait plus tard être saisi, ordonner la constatation de faits dont la preuve serait exposée à disparaître (Cons. d'Ét., arr. du 11 juin 1886, *Crillon*). Mais le conseil de préfecture ne pourrait pas, dans l'instance ouverte devant lui pour provoquer ces mesures, apprécier les droits respectifs des parties, la recevabilité et le mérite de leurs prétentions. Sur ce point, le jugement du Tribunal des conflits a été rendu contrairement aux conclusions du commissaire du gouvernement (M. Marguerie) (*Recueil des arrêts du Conseil d'État*, 1846, p. 527, note).

Clause pénale. — Lorsque dans un marché de travaux publics, une clause pénale a été stipulée pour retard dans l'exécution, contre l'entrepreneur, celui-ci ne pourrait pas demander l'application de cette clause pénale contre l'administration. S'il y a retard provenant du chef de celle-ci et qu'il y ait préjudice causé, l'entrepreneur pourra demander une indemnité, en vertu des règles générales et des clauses et conditions générales, mais il ne pourra pas demander l'application d'une clause qui n'a pas été faite pour lui, mais contre lui (Cons. d'Ét., arr. du 4 juin 1886, *Braquessac et Berthon c. commune de Pamblac*).

Indemnité. — Lorsque, par suite d'un nivellement nouveau, il n'y a plus concordance entre le sol de la chaussée et la maison d'un riverain, celui-ci a droit à indemnité, et il n'y a pas lieu à fin de non-recevoir parce que le riverain aurait fait exécuter des travaux de raccordement. Ces travaux, qui s'expliquent par l'urgence, n'impliquent pas renonciation au droit de demander une indemnité. La fin de non-recevoir ne résulterait pas non plus de ce que le riverain n'aurait pas réclamé l'indication du niveau à suivre. « Considérant qu'il résulte de l'instruction qu'au moment où le propriétaire riverain a entrepris la reconstruction de sa maison, les travaux de nivellement n'avaient fait l'objet d'aucun plan d'ensemble approuvé par l'autorité compétente; que dans ces circonstances la ville de Vierzon n'est pas fondée à soutenir que le sieur F... aurait dû abaisser le niveau du rez-de-chaussée sur caves de son immeuble en vue des modifications qui seraient apportées au nivellement de la place » (Cons. d'Et., arr. du 20 novembre 1885, *ville de Vierzon* c. *Frison*).

Lorsque les travaux d'abaissement d'une voie publique ont déchaussé les fondations d'une maison, quelle indemnité y a-t-il lieu de payer au propriétaire si la maison est située sur la partie retranchable du plan d'alignement et qu'il soit défendu d'y faire des réparations? Il faut, en ce cas, que l'indemnité soit suffisante pour reconstruire la maison à l'alignement; mais il doit être tenu compte de la plus-value qui résultera de la reconstruction; car elle substituera une construction neuve à une vieille construction et une maison affranchie de servitude à une maison sujette à reculement (Cons. d'Et., arr. du 8 août 1885, *commune de Bosc-Roger* c. *Maupoint*).

Comme tout propriétaire riverain, une compagnie de chemin de fer a le droit et l'obligation (loi du 14 floréal an XII) de curer un cours d'eau navigable ou flottable, ou un torrent. Si, au lieu de se borner au curage, elle fait dans le lit des travaux de nature à aggraver les charges des autres propriétaires riverains, elle doit une indemnité pour le préjudice résultant de cette aggravation (Cons. d'Et., arr. du 27 novembre 1885, *Compagnie de Lyon-Méditerranée* c. *Armand*).

Indemnité. — Compensation. — Le Conseil d'État, par un arrêt du 16 avril 1886 (*Radiguet* c. *Ville de Paris*), a décidé que pour fixer l'indemnité due en matière de travaux publics, il y avait lieu de compenser le dommage avec la plus-value *certaine* et *directe*, mais qu'il n'était point nécessaire que cette plus-value fût spéciale à la propriété atteinte. Dans l'espèce, il s'agissait d'une impasse transformée en rue large et commodément accessible; la valeur locative et la valeur vénale des maisons étaient accrues ; ceux qui avaient été atteints par l'exécution des travaux en retiraient des avantages incontestables, et sur les conclusions conformes du commissaire du gouvernement (M. Levavasseur de Précourt), le Conseil a décidé qu'il n'y avait pour les propriétaires de dommage réel que celui qui subsistait, déduction faite des avantages résultant de l'exécution des travaux publics. D'après cette jurisprudence, il n'est pas nécessaire que la plus-value soit *spéciale,* comme l'exige, en cas d'expropriation publique, l'article 51 de la loi du 3 mai 1841, et comme on le décidait par analogie pour les dommages résultant de l'exécution des travaux publics. Ce n'était qu'un argument d'analogie, et le commissaire du gouvernement a cité plusieurs décisions où le Conseil d'État avait compensé avec une plus-value certaine et directe, sans exiger qu'elle fût spéciale. « Le Conseil a admis la plus-value résultant de l'ensemble des travaux exécutés par la ville de Paris pour l'ouverture du boulevard Ornano et l'a opposée au propriétaire d'un immeuble situé en contre-haut par suite de ces travaux (arr. du 23 janvier 1874, *Bremond*). Il a admis la plus-value résultant de la transformation du quartier de Longchamps à Marseille (arr. du 9 août 1880, *Degray*). Plus récemment, le Conseil d'État a également admis la plus-value résultant de l'ouverture de l'avenue de l'Opéra, à Paris, pour une maison située à l'angle des rues Thérèse et Ventadour (arr. du 15 février 1884, *Ville de Paris*), et celle résultant pour la maison Fizeau des travaux entrepris pour le dégagement du palais de justice (arr. du 22 mai 1883, *Ville de Paris*). » Mais si la compensation peut être faite avec une plus-value générale, il faut que cette plus-value soit certaine et directe. Que faut-il entendre par une *plus-value directe?* Le commissaire du gouvernement la définit par des espèces. « Le Conseil d'État, dit-il, n'a pas admis la plus-value indirecte résultant de l'ouverture du boulevard Haussmann pour un propriétaire des rues Lord-Byron et Châteaubriand (arr. du 3 août 1876, *May*). Il a également repoussé celle résultant pour un propriétaire de Cauterets de la création, dans son quartier, d'un nouvel établissement thermal (arr. du 20 mars 1874, *Lapacé);* celle résultant pour

un usinier de l'établissement d'une voie ferrée avec station
à trois kilomètres de son usine (arr. du 14 novembre 1879,
Lyon-Méditerranée); toutes les plus-values étaient indirectes. »
Pourquoi étaient-elles indirectes? C'est ce que ne dit pas le
commissaire du gouvernement; car il ne donne pas les carac-
tères qui distinguent la plus-value directe de la plus-value
indirecte. Il exige que la plus-value soit certaine et directe.
Mais n'y a-t-il pas lieu de se demander comment ces qualités
peuvent être distinctes? Quand une plus-value est certaine,
comment démêler si elle est directe ou indirecte? — Un travail
fait dans une rue voisine peut être plus efficace, quoique
moins direct, que les modifications faites dans la rue même
où la maison est située. Une station à trois kilomètres avec
arrêt peut procurer à un usinier un bénéfice que ne lui donnerait pas une simple halte à sa porte. Il n'y a plus de règle, et tout dépend de l'appréciation du juge; c'est le triom-
phe de ce qu'un philosophe appelait l'*équité cérébrine*. Dans
un article publié par la *Revue générale d'administration* (1885,
t. III, p. 379), M. Albert Lavallée, commissaire du gouvernement près le conseil de préfecture de la Seine, propose la
règle suivante pour distinguer la plus-value à compenser d'avec
celle qui ne donnerait pas lieu à compensation. « L'avantage
procuré est-il de ceux dont le propriétaire ne pourrait être
privé sans indemnité s'il l'avait acquis déjà? Est-il de ceux
qui motiveront plus tard l'allocation d'une indemnité si l'administration vient à la faire disparaître? En d'autres termes,
la privation de cet avantage constituerait-elle un dommage
direct et matériel? Si la réponse est affirmative, il faut har-
diment compenser la plus-value; l'avantage procuré vaut de
l'argent. — Si la réponse est négative, il n'y a pas de compensation à opposer, car l'avantage que l'on veut faire prendre
en considération ne vaut pas une somme d'argent; « il peut,
à un moment donné, ne plus rien valoir du tout. » — MM.
Aucoc, *Conférences,* t. II, n. 711; Hallays-Dabot, *Recueil
des arrêts du Conseil d'État,* 1874, p. 88, n'admettent la
compensation que pour une plus-value spéciale. C'est aussi
l'opinion que nous avons soutenue dans notre *Traité,* t. VII,

p. **236.** Nous croyons devoir reprendre ici l'exposé du système de la loi, car on ne peut s'en éloigner que pour tomber dans l'arbitraire.

On trouve dans la législation trois dispositions relatives à la compensation de l'indemnité avec la plus-value : 1° l'article 54 de la loi du 16 septembre 1807, qui pose le principe de la compensation; 2° l'article 4 de la loi du 28 pluviôse an VIII, qui attribue au conseil de préfecture la fixation de l'indemnité (ce qui peut s'entendre déduction faite de la plus-value) pour dommages résultant de l'exécution de travaux publics; 3° l'article 51 de la loi du 3 mai 1841 qui, en cas d'expropriation d'utilité publique, admet la compensation de l'indemnité avec la *plus-value immédiate et spéciale*. La loi du 28 pluviôse an VIII n'a pour objet que de fixer la compétence du conseil de préfecture et non de déterminer les éléments de l'indemnité. L'article 51 de la loi du 3 mai 1841 est spécial à la matière de l'expropriation, et on n'en peut tirer qu'un argument d'analogie. C'est donc dans la loi du 16 septembre 1807 qu'il faut rechercher ce qui est relatif au principe de l'indemnité. La loi du 16 septembre 1807 permettait de faire concourir à une dépense de travaux publics les propriétaires qui en profitaient, que la plus-value en résultant fût générale ou spéciale; indirecte ou directe. D'après les articles 30 et suivants, le gouvernement pouvait, par un décret, décider que les parties intéressées dont les immeubles avaient été améliorés seraient tenues de participer à la dépense. Cette compensation pouvait être faite pour le tout si la plus-value était égale au dommage, et le propriétaire était même obligé de payer au delà s'il retirait des travaux plus de profit qu'il ne subissait de dommage. L'article 54 de la loi du 16 septembre 1807 disait formellement : « Il y aura compensation jusqu'à due concurrence, et *le surplus sera payé au propriétaire ou acquitté par lui.* » Il fallait, pour cela, que les formalités des articles 30 et suivants eussent été remplies; faute d'avoir rempli ces formalités, il n'y avait pas lieu à compensation. Le décret avait-il été rendu pour l'application des articles 30 et suivants, il y avait contribution à la dépense par les propriétaires pour toute espèce de plus-value, qu'elle fût générale ou spéciale, et s'il y avait dommage, on le compensait avec la plus-value même pour le tout. Si la plus-value dépassait le dommage, le propriétaire pouvait être forcé de contribuer pour le surplus (art. 54 de la loi du 16 sept. 1807). Si le décret exigeant la contribution n'avait pas été rendu, il n'y avait lieu ni à contribution, ni à compensation pour les avantages généraux résultant du travail public. Mais la plus-value spéciale à l'immeuble endommagé devait être déduite de l'estimation du dommage, car il n'y avait préjudice effectif que pour la perte excédant le bénéfice. Cette déduction n'était pas prescrite par le texte, mais elle résultait de la nature des choses et de la notion même du dommage. C'est l'idée qui fut formulée par l'article 51 de la loi d'expropriation, et cette disposition, bien qu'écrite dans une loi spéciale, peut être considérée comme résultant de la définition même du dommage. C'est donc avec raison que la compensation avait été limitée à la *plus-value spéciale,* et en y substituant la *plus-value directe et certaine,* la jurisprudence a ouvert la porte à l'appréciation sans règle, c'est-à-dire à l'arbitraire.

Ville de Paris. — Impôt personnel-mobilier.

Un décret du 30 janvier 1886 a approuvé la délibération du conseil municipal de la ville de Paris, qui répartit le contingent personnel-mobilier pour l'année 1886, d'après les bases suivantes :

Les locaux d'une valeur locative imposable ne dépassant pas 599 fr. à . . . . 6 fr. 50 0/0

    De 600 fr. à 699 fr. . . . . 7 fr. 50 0/0

    De 700 fr. à 799 fr. . . . . 8 fr. 50 0/0

    De 800 fr. à 899 fr. . . . . 9 fr. 50 0/0

    De 900 fr. à 999 fr. . . . . 10 fr. 50 0/0

    De 1,000 fr. et au-dessus. . . . . 11 fr. 16 0/0

Sont exemptés les locaux d'une valeur matricielle ne dépassant pas 400 fr. (valeur locative réelle de 500 fr.).

Ne sont pas exemptés les locataires qui n'ont à Paris qu'un pied à terre ; ceux qui sont logés dans leur propre maison, dont l'indigence n'aura pas été régulièrement constatée ; les patentés dont le loyer personnel ajouté à la location industrielle atteint 400 fr.

Ville de Paris. — Emprunt.

La loi du 13 juillet 1886 a autorisé la ville de Paris à emprunter une somme de 250 millions dans des conditions qui doivent être remarquées, car elles s'éloignent des règles qui sont suivies pour les emprunts communaux. Pour les emprunts communaux, l'autorisation est accordée en vue de dépenses déterminées, approuvées, dont la dépense est fixée et l'amortissement est prévu de manière à libérer la commune à échéance certaine. La ville de Paris est autorisée à emprunter pour dépenses à faire et non encore déterminées. Les opérations de voirie y figurent pour 110 millions avec cette mention : « L'emploi de ces 110 millions de francs sera fait conformément aux indications de tableaux qui seront soumises à l'approbation du Parlement. »

Le remboursement qui doit s'effectuer en 75 années est l'objet de dispositions qui s'éloignent aussi des règles ordinaires. Il y est pourvu de 1887 à 1897 au moyen de quatre centimes ajoutés au principal des quatre contributions directes et de vingt centimes ajoutés au principal de la contribution foncière. Le surplus est payable sur les ressources tant ordinaires qu'extraordinaires de la ville de Paris.

BAR-LE-DUC, IMPRIMERIE CONTANT-LAGUERRE.